PLANTAS

QUE CURAN

TOMO I

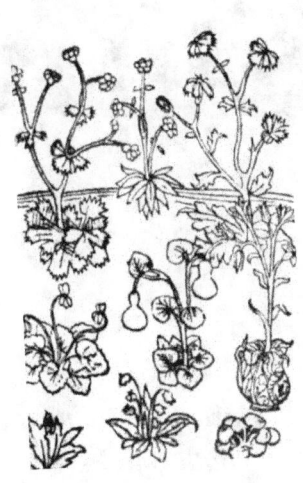

ÍNDICE

LIMÓN

Dentro de las plantas y alimentos medicinales el limón es una de las grandes "estrellas". En la forma en que se tome o se aplique, el limón es una maravillosa fuente de salud.

El nombre científico es *citrus limonum;* en inglés *lemon*; en francés *citron*; italiano *limone;* en portugués *limão*

HISTORIA.- El limonero es originario de Asia. De allí se extendió a todo el mundo. En la actualidad, la India y México son los principales productores de limón en el mundo.

Sus propiedades ya eran ampliamente conocidas desde la Edad Media. Se cuenta que los cruzados, en su viajar a Jerusalén, chupaban rodajas de limón tanto para apagar la sed como para conservar los dientes. En tiempos modernos, el doctor Goerg Mayer inspector de sanidad del ejército turco en la Primera Guerra Mundial lo empleó como remedio de guerra para curar diversas enfermedades, experiencia que publicó en una revista de esa época, **La terapéutica en la actualidad**.

Después, el profesor Euler, premio Nobel de medicina en 1934, descubrió la existencia de la vitamina C en el limón, y analizó sus propiedades curativas en la pulmonía.

El limón es un cítrico, como la naranja, el pomelo, la mandarina y la lima. Reciben este nombre porque poseen ácido cítrico y el limón es rico en este ácido. Se trata de un líquido cristalino, soluble en agua y en alcohol, que tiene muchos usos en la industria de alimentos, de bebidas, en la perfumería y hasta en artículos de limpieza. El ácido cítrico se obtiene por la fermentación de melaza de limones sin madurar. En el organismo humano actúa como regulador del nivel de calcio.

El limonero, al que casi siempre se le llama *limón* a secas, es un hermoso árbol que pude alcanzar 4 o cinco metros de altura. Da numerosas flores blancas, dispuestas en ramos axilares. Su fruto es una baya, hesperidio, dicen otros, esférico u alargado.

Del fruto se obtiene el jugo, pero la cáscara, también es aprovechable de diversas formas, ya que posee un aceite esencial y, además, ácido cítrico para preparar, por ejemplo, un alcohol medicinal. Lo mismo ocurre con las hojas del limonero, que tienen pequeñas glándulas transparentes que contienen abundante aceite esencial. Y de las flores se obtiene otra esencia aún más apreciada.

Existen distintos tipos de limón, cuyos frutos varía en tamaño, cantidad de jugo y mayor o menor acidez.

Además de sus usos en la cocina y la medicina, también es utilizado por su fragancia en artículos de limpieza, licorería y perfumería.

SUS PROPIEDADES.- Las propiedades medicinales del limón son impresionantes. Basta observar la lista de algunas enfermedades que puede ayudar a curar: *acidez gástrica, acné, afonía, amigdalitis, arterioesclerosis, artritis, asma, blenorragia, bocio, broncopulmonía, cálculos renales y hepáticos, catarro, cólicos hepáticos, diabetes, escorbuto, edemas, enterocolitis, heridas, fístulas, gota, gripe, hepatitis, hemorroides, ictericia, laringitis, linfatitis, neuralgia, panadizos, piorreas, psoriasis, raquitismo, resfriados, reumatismo, sarna, sinusitis, tos, úlceras, uremia, urticaria, lombrices intestinales....* y la lista es muy larga, algunos la llevan hasta 150 y otros nombras muchas más enfermedades que ayuda a curar el limón.

Esto se debe a que, en primer lugar es un devorador de ácidos, (sustancias extrañas) y a que muy rico en vitamina C.

Se emplea el jugo o la esencia. A partir de la cáscara se obtiene la esencia, que es muy usada en perfumería. El jugo es bactericida por excelencia

Como remedio, en algunos casos, basta con solo tomar su jugo o aplicarlo a las zonas afectadas. En otros casos se requerirá cierta preparación, junto con otros elementos.

Preparado con el jugo o la papilla de ajo y la cebolla, posee amplias propiedades antisépticas, para limpieza de heridas y desinfección.

Cuando se trata de un tratamiento preventivo, es decir, sin que exista enfermedad, se aconseja La *"cura del zumo del limón"* Esta cura consiste el tomar el jugo de un limón, puro o en la misma cantidad de agua, el primer día, el zumo de dos el segundo día y así aumentar un limón cada día hasta llegar a un máximo de siete u ocho si existen cálculos y de diez a doce en los demás casos, para después disminuir un limón por día hasta llegar a un limón diario. Se mantiene este único limón durante diez o quince días. Para que no se te destemplen los dientes usa un popote para tomarlo. Conviene endulzar la bebida con miel para evitar que se produzca estreñimiento. El zumo de un limón en una taza de café cargado es un digestivo óptimo que hay que tener en cuenta en caso de indigestión o dolor de cabeza a causa de una mala digestión. Ha de tomarse caliente y sin endulzar.

Se recomienda contra la artritis, artrosis, reumatismo articular, cálculos renales o biliares, gota, etc., y también actúa contra la arterioesclerosis.

ALGUNOS MODOS DE PREPARACIÓN.

Té para falta de apetito: dejar en infusión 15 g. de hojas de limón, en una taza de agua hirviendo. Cuando el líquido esté tibio, filtrarlo y beber una taza antes de las comidas, es de buen sabor.

Amalgama contra el resfrío.- Mezclar el jugo de un limón con una clara de huevo. Batir durante diez minutos y tomar una cucharada cada media hora.

El jugo de limón con agua (mejor caliente) es muy bueno para la digestión tomado después de las comidas. Diluido en agua fría es un remedio contra la sed y contribuye a restablecer el equilibrio hídrico cuando existen grandes pérdidas de agua en el organismo, como en casos de disentería o diarreas abundantes, o mucho ejercicio.

*TINTURA.-*La cáscara del fruto vale tanto como el jugo desde el punto de vista terapéutico. La parte amarilla contiene un aceite esencial de acción múltiple, entre otras, como tónico, estomacal, estimulante, diurético, antiséptico y bactericida. Macerar, durante quince días, 30 g de la parte amarilla de la cáscara, en 120 g de alcohol de 70°. Tomar 20 a 30 gotas, dos o tres veces al día.

ALCOHOL-- Macerar, durante ocho días, 50 g de cáscara fresca, en 100g de alcohol de 80°. Se utiliza para aromatizar otras bebidas o líquidos de sabor desagradable y en las digestiones difíciles; de dos a 10 gramos al día.

TINTURA.- Disolver 2 g de esencia en 90 g de alcohol de 70°. Tomar de 20 a 30 gotas al día. En una tisana o mezclada con agua.

USO EXTERNO.- Medio limón pasado por el rostro es un óptimo astringente y detergente para los cutis grasosos y combate con eficacia la formación de pústulas, etc. Debe de hacerse dos veces al día de forma habitual, por la mañana y por la noche. También puede preparar un limpiador para el cuerpo mezclando jugo de limón con avena, se lo puede aplicar con una esponja.

Durante el Renacimiento europeo, las señoras usaban jugo de limón para enrojecer sus labios.

Contra reumatismo y neuralgias. Cortar un limón por la mitad y frotar sobre la parte afectada varias veces al día.

Otras aplicaciones del jugo de limón.- Aplicado sobre llagas o heridas, el zumo o la esencia diluida son inmejorables cicatrizantes. Diluido en agua hervida **es un buen colirio**. Con un poco de miel es un excelente enjuagatorio en aftas, gingivitis y similares. **En gargarismos,** es muy eficaz en las afecciones de la garganta y de las amígdalas. Agregue el jugo de un limón con una cantidad igual de agua caliente para un gargarismo antibacteriano. Unas pocas gotas de zumo en el cepillo de **los dientes** ayudan a conservarlos blancos. *Los lunares* o pecas se aclaran aplicándoles una solución de zumo con un poquito de sal.

El limón es una de las principales fuentes de potasio en la naturaleza, un mineral que *promueve el pensamiento claro; ayuda en la normalización de la presión arterial y trabaja con el sodio para regular el equilibrio de agua del cuerpo.*

El ácido cítrico es esencial para la vida de las células de todas las criaturas vivientes. Por su contenido de vitamina C, **previene el escorbuto**, una enfermedad que era común en los marineros, que causa sangrado de las encías, dientes flojos y dolores articulares. Aún hoy en día, la marina británica requiere a sus naves llevar suficientes limones para que cada marinero pueda tomar una onza de jugo de limón al día.

Se dice que un limón fresco exprimido en un vaso de agua a**yuda a limpiar el hígado**. También se creen que **estimulan el metabolismo.**

Promueve la transpiración y ayuda a bloquear el dolor. El jugo de medio limón en agua tibia mañana, mediodía y noche, ayuda a eliminar toxinas y aliviar dolores. Cuando se calienta el jugo de limón, se produce ácido salicílico, el ingrediente activo de la aspirina

Hipnótico. Las flores, azahar de limón, se han utilizado tradicionalmente para el tratamiento de nerviosismo, ansiedad o insomnio. Ejercen un efecto depresor del sistema nervioso central.

La costumbre de decorar los platos de pescado con rodajas de limón, o echarle un chorro de limón a las ostras y a los mariscos, viene de los tiempos cuando no había refrigeradores y la frescura de los productos del mar no podía ser garantizada. Su poder desinfectante ha sido confirmado por análisis modernos, incluso en dosis mínimas mata los bacilos del cólera, de la difteria y de la fiebre tifoidea, y en un cuarto de hora elimina de las ostras el 92% de todas sus bacterias.

Usado en el botiquín, en la cocina, en la limpieza, en el tocador, en repostería y golosinas, el limón ha sido una bendición para la humanidad.

COLA DE CABALLO

Es una planta silvestres conocida desde hace miles de años. Ya en la antigua Grecia se conocían sus propiedades para sanar y cicatrizar las heridas. *Equisetum arvense* es el nombre científico de esta planta que además de *equiseto y Cola de Caballo*, por su semejanza con las crines de los caballos, se conoce también como: C*ola de rata, Yunquillo, Cienudillos, Pinillo* etc. Crece en los lugares húmedos en suelos arcillosos, no muy apartada del agua, en las orillas de ríos y arroyos, y campos encharcados o alrededor de pastizales.

Es una hierba perenne sin flores. Tiene dos tipos de tallos. A principios de la primavera brotan de la cepa primero los tallos fértiles, de color parduzco rojizo, que llevan los esporangios. Más tarde aparecen los tallos verdes de verano, de 20 a 80 c. de altura, que se parecen a pinitos de construcción muy regular, con nudos escamados de los cuales surgen sus hojas.

Sus tallos estériles se recolectan en verano, se dejan secar a la sombra, en manojos colgados y se descartan las partes descoloridas. Se suelen conservar en bolsitas que exhalan un aroma similar a la manzanilla. Con los tallos desecados y triturados se elaboran desde infusiones, decocciones, jugo fresco, jarabes, cataplasmas, extractos fluidos y en polvo, tintura y cápsulas, hasta cremas, lociones, lavativas y nebulizaciones.

La **Cola de caballo** tiene numerosas aplicaciones medicinales. Tiene gran prestigio, sobre todo por su poder hemostático (detiene hemorragias) y su eficacia contra las graves afecciones de los riñones y de la vejiga. Esta hierba corta las peores hemorragias y los vómitos de sangre en poco tiempo, ingiriéndola en forma de té.

Contra los catarros dolorosos de la vejiga y el tenesmo, (pujo y retorcijones) no hay mejor remedio que envolverse bien las piernas con la bata o la sábana y dejar actuar los vapores de una infusión de **Cola de caballo** sobre la vejiga. Repitiendo este procedimiento varias veces, se consigue combatir el mal en poco tiempo. Las personas ancianas, y a veces no tan ancianas, que de pronto no pueden orinar y se retuercen de dolor porque la orina no sale o sólo gotea, pueden calmar esos dolores mediante esos baños de vapor calientes, sin que el médico tenga que recurrir al sondeo ni haya que cargar bolsa para la orina.

Se recomienda en general para remediar la retención de líquidos general o localizada, como para otros problemas genitourinarios: cálculos renales, infecciones urinarias, cistitis, uretritis, inflamaciones de la vejiga o próstata.

Ayuda a eliminar las toxinas, lo cual ayuda a recuperar el equilibrio corporal e influye favorablemente para eliminar el sobrepeso.

La Cola de caballo ayuda a aumentar el crecimiento, mejorar el aspecto y corregir la debilidad de las uñas, manteniéndolas firmes, y del cabello, evitando que aparezcan canas.

Su capacidad astringente, de encoger o contraer los tejidos, debida a sus taninos, la hace adecuada para cicatrizar y cerrar las heridas sangrantes, frenar las hemorragias nasales y curar las úlceras cutáneas. Además es útil en diarreas, inflamaciones y enuresis (micciones incontroladas).

Ayuda a la salud y recuperación de los huesos y tejidos cartilaginosos, como son los tendones, cartílagos y fibras de colágeno, por el aporte de sílice, de la *Cola de caballo,* que puede ayudar a prevenir la pérdida de masa ósea, curar fracturas, descomposturas y lesiones articulares, en combinación con los minerales necesarios y tratamientos prescritos por el médico. Ya la usaban los antiguos atletas griegos.

También es un gran remineralizante, útil para reponerse de la fatiga, lesiones, convalecencias o de un mayor esfuerzo físico.

Es un cosmético natural que actúa *"desde dentro"* del organismo. Beneficia la epidermis por dos caminos: su silicio ayuda a mantener y recuperar la salud del tejido conjuntivo que forma la piel, mientras que su acción desintoxicante y limpiadora de las vías urinarias, ayuda a depurar la sangre, y en consecuencia, a evitar la llegada de toxinas que enferman la piel.

Ayuda a combatir los hongos, eccemas y herpes, a frenar el envejecimiento cutáneo, y a prevenir y atenuar las estrías, al regenerar los tejidos dañados por las variaciones de peso, la celulitis, el embarazo, y los desequilibrios hormonales.

Deficiencia de silicio ha sido relacionada con alteraciones en los dientes y huesos, y una baja resistencia física.

Los expertos aconsejan limitar el consumo de extractos de la planta a seis semanas y descansar, salvo bajo control profesional, ya que puede irritar el tracto digestivo y o el urinario. Tampoco hay que tomarla durante el embarazo o en lactancia, ya que los principios activos de esta planta pueden pasar al feto o al recién nacido.

Si las mucosas gástricas están irritadas, porque son frágiles o se ha ingerido alcohol, una comida copiosa o picante o fármacos como la aspirina o un antiinflamatorio, hay que evitar tomar esta planta, porque puede agravar el problema.

Es recomendable consultar un buen herbolario antes de consumir ésta o cualquier otra hierba.

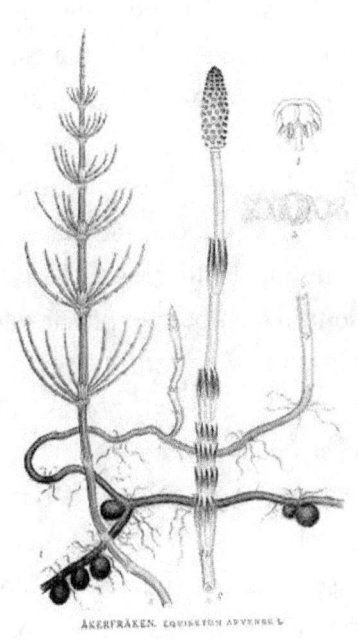

ÅKERFRÄKEN. EQUISETUM ARVENSE L.

YERBA DE SAN JUAN

Su nombre se debe al tiempo en que florece, que solía empezar el 24 de junio, el día que se celebra en el santoral católico a Juan Bautista. Muchas plantas florecen en ese tiempo y otras flores también llevan el nombre de San Juan, para no confundirlas hay que recurrir a su nombre científico, el de esta planta es *Hypericum perforatum*, por eso también es conocida como *hipérico, hipericón, corazoncillo*, o simplemente *"hierba de San Juan"*.

Esta planta tiene un gran historial como hierba medicinal. En la Grecia antigua se creía que las propiedades de la hierba de San Juan eran mágicas y se utilizaba para expulsar a los demonios. Se creía que podía atraer el amor, garantizaba la felicidad y la salud, por eso algunos la llaman *"La yerba de la alegría"*.

Hipérico, nombre genérico con que se la conoce, viene del griego *hyperikon* que significa algo como "sobre las imágenes" o "por encima de una aparición". Para algunos, el nombre hace referencia a la propiedad que se le atribuía de hacer huir a los malos espíritus y las apariciones.

También se acostumbraba colgar flores de esta planta sobre las imágenes religiosas el día de San Juan. Otros dicen que el nombre le viene por le hecho de que las glándulas de sus pétalos parecen formar imágenes, y a este hecho le daban mucha importancia en la Edad Media, ya que era utilizado en los exorcismos por sus virtudes cabalísticas.

Se le añade al nombre *perforatum*: porque las glándulas de aceite situadas en sus hojas y sépalos le dan a la planta un aspecto perforado, si se observan al trasluz.

Sus flores son de color amarillo y junto con las hojas son las partes utilizadas de esta planta. También se usa el aceite que de ella se extrae.

Hipócrates (460 aC.-370 aC) la recomendó como remedio refrescante y antiinflamatorio. Dioscórides (40 dC-90 dC) escribe lo siguiente (con la ortografía de las traducciones antiguas): *El Hyperico, llamado Androsemo por unos, por otros Corio, y por otros Camepytis, que quiere dezir Pinillo, porque su resina huele a resina de pino, es una mata ramosa, roxeta y de un palmo de alta, que produce las hojas como la ruda, y de flor amarilla: la qual frotada entre los dedos, resuda un liquor semejante a la sangre, de do vino a llamarse Androsemo que significa sangre humana. Nace el hyperico en lugares cultivados y ásperos. Tiene facultad de mover la orina y, aplicado por baxo, provoca el menstruo. Bebido con vino, extermina las tertianas y las quartanas. Su simiente bevida por una quarentena de días, cura la sciática y las hojas con la simiente aplicadas en forma de emplasto, sanan las quemaduras del fuego"*

Usos de la yerba de san Juan.-Su aplicación tópica sirve para acelerar la cicatrización de las heridas.

Sin embargo, las propiedades de esta hierba que más han atraído a los investigadores se vinculan con su uso tradicional para el tratamiento de la depresión leve a moderada y la ansiedad. Nos hace sentir mejor con nosotros mismos. Además, La hierba de San Juan es conocida por incrementar la melatonina de nuestro cuerpo, que regula los estados del sueño y nos permite descansar mejor.

Las agencias de salud de algunos países, como Alemania, la han incluido en la farmacopea oficial, y es muy usada.

Generalmente se administra en forma de extractos estandarizados, con concentraciones fijas de los principios activos a los cuales se atribuyen los efectos farmacológicos. Pero mucho nos puede ayudar ya sea aplicada externamente o tomada en cápsulas, gotas o té. Se puede conseguir como hierba, como gragea o cápsula, en bolsas de té o en tinturas.

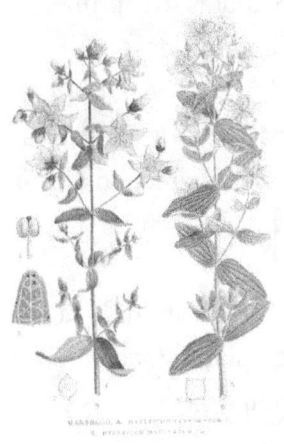

RESUMIENDO.- La Yerba de San Juan puede ser un Antidepresivo, Sedante, Analgésico, Colagogo, Antiinflamatorio, Antitumoral, Antiviral, Antineurógico, Antirreumáico, Astringente, y Vulnerario. De gran utilidad en el tratamiento de neuralgias, ansiedad, y tensión nerviosa. Estados de irritabilidad y ansiedad asociados con la menopausia. Decaimiento, falta de estímulo y "auto estima", y en las Dificultades para Concebir el Sueño. Palpitaciones del corazón, cambios de humor, síntomas emocionales.

La hierba de San Juan es una excelente ayuda para dejar de fumar al reducir la ansiedad. Ayuda en la enfermedad de la fibromialgia, el síndrome de fatiga crónica, la migraña y demás tipos de dolores de cabeza. El dolor muscular, dolor de los nervios, el síndrome del intestino irritable, etc.

En forma de aceite, esta hierba puede usarse para contusiones y rasguños, inflamaciones y todo tipo de dolores musculares, aplicándose en la piel sobre la zona afectada. También se puede usar así para tratar las quemaduras de primer grado, picadura de insectos y hemorroides.

La aplicación de esta hierba sobre la piel directamente debe realizarse de forma cuidadosa y bajo supervisión ya que puede causar problemas de sensibilidad a la luz.

También, la luz puede desactivar algunas de las propiedades de esta potente planta medicinal por lo que muchas veces podemos encontrarlo en unos envases con colores opacos.

Hypericon. Yerua de sant Iuan.

AJENJO

Artemisia absinthium, llamada comúnmente *ajenjo, asensio, ajorizo, artemisia amarga o hierba santa*, es una planta herbácea medicinal, del género Artemisia, nativa de las regiones templadas de Europa, Asia y norte de África. Conocida desde hace muchos siglos. Se usaba ya por los egipcios, transmitida después a los griegos. Llamada *"Madre de todas las hierbas"* en la obra "Tesoro de los pobres" por sus múltiples aplicaciones curativas. Se usa como tónico, febrífugo (contra fiebres) y antihelmíntico, (contra lombrices). Se usa también en la elaboración de las bebidas absenta o **ajenjo** y el **vermut** que toma su nombre del nombre alemán para ajenjo, *Wermutkraut*. Pero sobre todo se utiliza como planta medicinal, siendo la propiedad más importante la aperitiva.

Hojas y pimpollos se cosechan al principio de su fructificación. Se necesita secarlos sea natural o artificialmente.

Aplicado correctamente, sin abusar, el ajenjo tiene muchas e interesantes propiedades medicinales. He aquí algunas.

Tónico gástrico: como todas las plantas amargas desarrolla un efecto tónico sobre el estómago, aumentando el apetito y estimulando la secreción de jugos gástricos. Conviene a los inapetentes y a los que padecen de digestiones pesadas. Pero no recomendable para los ulcerosos y a los de temperamento sanguíneo, pues el aumento de secreción de jugos gástricos les resulta perjudicial.

Colerético: por el hecho de aumentar la secreción biliar, ejerce sobre el hígado una acción favorable, descongestiva y de estímulo de sus funciones.

Emenagogo potente: actúa sobre el útero (matriz) provocando la menstruación; pero además, normaliza los ciclos. Se recomienda, pues, para las jóvenes pálidas y debilitadas, que usualmente padecen de reglas irregulares y dolorosas. Avicena, el renombrado médico persa del siglo XI, lo prescribía *«para calmar a las mujeres agrias y biliosas».*

Con ajenjo se hace un té **para ayudar a la mujer embarazada durante el trabajo de parto.**

El aceite de la planta puede usarse como estimulante cardíaco para mejorar la circulación sanguínea. Aunque el aceite puro de ajenjo puede ser venenoso en grandes cantidades, en dosis justas no ofrece riesgos

Antiguamente era utilizado *como insecticida* contra la polilla, que ataca a la ropa. Sus raíces tienen secreciones que no dejan crecer otras plantas en un área cercana.

En casos de *diarreas o problemas de ventosidades o vómitos,* puede hacerse una cataplasma caliente con las hojas de ajenjo, se coloca sobre el vientre y se cubre con un lienzo seco. Se deja por espacio de unos 15 minutos y luego se retira, repitiendo la operación de ser necesario. De esta manera inofensiva puede aplicarse en niños pequeños, cuidando que la temperatura de la cataplasma no sea muy caliente.

Hirviendo hojas de ajenjo, escurriéndolas y machacándolas se pueden hacer cataplasmas contra los *dolores de cabeza o de las articulaciones;* también ayuda tomarlo en té.

Para *dolor de muelas*, hacer buches con un té de ajenjo, que también alivia *dolores de garganta,* y los enjuagues bucales con té de ajeno contrarrestan el mal aliento

Las personas que sufren del *hígado o tienen problemas de la vesícula biliar* pueden preparar una taza de té de ajenjo, guardarlo en el refrigerador y a cada hora tomar una cucharada del mismo, en poco tiempo notará la mejoría.

El ajenjo es también un *perfecto vermífugo,* es decir que combate con éxito las lombrices y otros parásitos. Para combatirlas en niños y en adultos, se puede tomar una taza de té de ajenjo antes de acostarse, además colocar una cataplasma tibia sobre el vientre

Desde hace miles de años se usado para tratar el paludismo. En casos de enfermedades de *los pulmones*, pueden pulverizarse las hojas secas de ajenjo y masticar media cucharadita, dos o tres veces por día, durante cinco minutos cada vez. También puede prepararse un té de ajenjo endulzado con miel y unas gotas de limón.

En caso que se haya bebido alcohol en exceso, debe tomarse una taza del té de ajenjo o una cucharada de aceite en un vaso con agua. Eso *evitará la resaca* del día siguiente a la vez que, usado por espacio de diez días, no más, *quita el vicio de tomar bebidas alcohólicas.*

También ha sido sugerido para las personas que fuman hacer una vez al año, una *cura con ajenjo*: Se colocan 10 gramos de la hierba fresca o seca en un recipiente, luego se le agrega medio litro de agua hirviendo, se filtra y se guarda en envase de vidrio. Esta infusión, debe guardarse por no más de 10 días en el refrigerador. Se tomará una cucharada del té cada hora o cada dos horas. Siempre lejos de las comidas, una hora antes o una hora después. Hacer una cura por 10 o 20 días (máximo), da excelente resultados en casi todas las personas y al hacerlo una vez al año, se precaverá de muchos inconvenientes.

FLORIPONDIO
Una belleza de cuidado

Planta de la especies de las Brugamsias, estrechamente relacionada con las Daturas, como el toloache. Hay muchas variedades de brugamsias, algunas especies se conocen como *floripondios* en México, y *borrachero* en algunas regiones de Centroamérica y *estramonios* en España. Afirman que son nativas de América del Sur. En México son bastante comunes y aquí en Los Ángeles se ven de adorno en muchos jardines.

Pero no hay que dejarse engañar por su hermosura ni por el nombre que le dan en inglés: *"trompeta de ángel"* porque todas las especies son complejas y pueden ser peligrosas. Han sido utilizadas como alucinógenos desde tiempos inmemoriales, principalmente en los Andes y en el Amazonas donde reciben el nombre de *toá*.

Se sabe poco sobre sus usos antes de la Conquista, no obstante, hay algunas referencias como la del científico francés La Condamine, quien menciona su uso entre los omaguas del río Marañón. Los exploradores Von Humboldt y Bonpland también hacen referencia a la tonga hecha con Brugmasia sanguínea que usaban los sacerdotes del Templo del Sol en Sogmosa, Colombia

Es un árbol pequeño que llega a medir hasta 4 metros de altura. Las características flores alargadas e inclinadas hacia abajo, aunque las hay de otros colores, tienen forma de campana y huelen mucho por el atardecer y el amanecer. Pueden medir entre 18 y 23 centímetros.

Florece todo el año, aunque las flores, por lo general, se producen antes de una lluvia y luego se caen.

Las Brugamsias pertenecen a la familia de las solanáceas y contienen los mismos alcaloides que las Daturas, especialmente la escopolamina que es la que aparece en mayor proporción. Las hojas, los tallos y las flores contienen un 0.3% de alcaloides, de los cuales el 80% es escopolamina, la sustancia con la que se produce la droga conocida como **burundanga**, la que mencionaba Celia Cruz en una canción. Se cree que ha sido usada desde hace miles de años, de hecho todas las plantas como el floripondio, toloache, belladona, mandrágora, estramonio y otras de la familia son conocidas como *"plantas de las brujas"*. En altas dosis son fuertes alucinógenos que pueden llevar a perder la razón y hasta la vida. En pequeñas dosis han sido usadas para controlar a maridos altaneros y violentos y no era raro oír de algún marido aplacado, *"ya le dieron su tolaoche"*, pues la escopolamina usada con prudencia puede producir esos efectos, pero también es usada por criminales, para robar la voluntad de las personas y luego robarlas o violarlas. Un caso que leí en El Informador de Guadalajara, fue de una señora que al salir de misa en Zapopan se encontró con una pareja que le pedían información de una calle... cuando volvió en sí ya había ido con ellos al banco, sacado sus ahorros, se los había entregado, todo esto hecho en un estado semi inconsciente, pero sin ningún control de resistencia.

Muchos jóvenes quedan dañados por usar estas flores como droga sin ningún control y creo yo que no deberían de esta expuestas en los jardines al alcance de los que pasan por la banqueta, por lo menos, aunque un control más serio sería necesario.

Uso medicinal.- Ciertamente el floripondio también tiene muchos usos medicinales. Se aprovechan sus propiedades narcóticas contra el insomnio, poniendo unas flores bajo la almohada. Hay quienes prefieren ponerlas un poco retiradas de la cama. Me cuentan de un caso de una señora que usó las flores moradas y durmió 50 horas seguidas y batallaron para despertarla. Lo mejor es informarse y usar prudencia.

Se puede utilizar el hervido de flores y hojas contra granos y jiotes. Para las reumas se hierven hojas y/o flores y se aplica el agua caliente con trapo en las zonas adoloridas. También, puede olerse, aplicarse vapores o bañarse el paciente de reumas con el hervido.

Cataplasmas de hojas y flores molidas sirven para evitar hinchazones y dolores de espalda y estómago. Se aplica externamente como un emplaste caliente para aliviar el dolor de huesos fracturados y otras heridas superficiales.

Las semillas de todo un fruto martajadas se maceran en un litro de alcohol de 40 grados durante 4 días, si es posible al sol o en lugar caliente. Este preparado sirve para hacer masajes a los reumáticos.

Cuando se tiene dolor de cabeza, se aplican en las sienes, chiquiadores de hojas frescas untadas con vaporub o grasa, o se pone la hoja o la mitad de la flor en alcohol, para "dar friegas" con esta mezcla en el momento del dolor.

Las hojas asadas ligeramente y luego estrujadas entre las palmas de las manos se aplican en forma de cataplasma a los tumores, forúnculos y puede disolver estos males cuando no están en estado de supuración. Si ya están supurando los hacen reventar y fluir la pus. Esta misma cataplasma, aplicada e en las noches, mitiga los dolores de las articulaciones y la gota.

Muchos usos benéficos tiene esta planta, pero siempre ha de tratarse en dosis pequeñas y con cuidado. Una dosis de más de 100mgs de escopolamina puede tener serias consecuencias.

Sobre la escopolamina se sabe que no es un visionario como pueden serlo el LSD o la mezcalina, sino un auténtico alucinógeno de cuidado.

ÁRNICA

Árnica. *Árnica montana.* De la familia de las Compuestas. Su nombre viene del *Ptarmikos,* y significa que hace estornudar.

Descripción.- Planta rizomatosa, perene, de 8 a 12 pulgadas de altura. Es una hierba vivaz, de rizoma rastrero y tallo erecto, ramificado y glanduloso, en cuyo ápice aparece una cabezuela de flores amarillas. Es una hierba que se cría en prados y bosques de coníferas más o menos húmedos, preferentemente en terrenos descalcificados.

Desde tiempos muy remotos el árnica ha sido muy apreciada por sus propiedades curativas. De la recolección de la planta interesan las cabezuelas, que han de cogerse nada más abrirse, ya que al poco tiempo se marchitan y son colonizadas por insectos que las destruyen. Ocasionalmente también se recolectan las raíces, muy ricas en determinados principios activos;

Compuestos químicos- Arnicina, arnsierina, inulina, esencia, tanino, fitosterina, ácido palmítico, esteárico, láurico. La esencia obtenida a partir del rizoma posee una riqueza de aproximadamente el 1%, con olor intenso, color amarillo verdoso. La esencia obtenida de las flores es muy densa, de color naranja debido a la presencia de estearoptenos.

Propiedades.- Anti equimótica, anti flogística, cicatrizante, produce estornudos, excitante del sistema nervioso. También se le atribuye una acción astringente y protectora de las mucosas.

Modo de empleo.- Tintura, infusión, extracto fluido.

En dermatología las propiedades de la Árnica se usan para tratar cortadas, raspones, acné, pérdida de cabello y piquetes de insectos. En la actualidad se puede encontrar en pomadas y aceites y otros remedios homeopáticos.

Pasta.- Con extracto de árnica, miel y polvo de malvavisco se prepara una pasta densa; se aplica y extiende sobre furúnculos y se recubre con una gasa. No se debe aplicar si el furúnculo está abierto, sólo sobre granos cerrados.

Tintura.- Se maceran 40 gr. de raíces y flores en 200 gr. de alcohol de 60 ºC. Después de 10 días se filtra y embotella el líquido. Para su uso se debe diluir previamente, antes de aplicarlo sobre contusiones y golpes sin herida abierta.

La planta se puede adquirir, en botánicas, tanto troceada como en extracto vegetal, tintura y pomada. También se encuentra en forma de presentaciones compuestas, como cremas, pomadas sales y bolsitas para té.

Se ha descubierto que el árnica contiene *helenalin,* que es un compuesto tóxico y que puede ser muy venenoso en grandes dosis.

Bien usada el árnica ayuda al sistema inmunológico, buena en caso de alergias y previene la formación de tumores. Ayuda a reducir la viscosidad de la sangre, pero se debe tener cuidado en no usarla junto con otros medicamentos anticoagulantes. Se puede usar como antibacteria y hasta en enjuagues bucales.

Por ser un buen antiinflamatorio es eficaz en desórdenes del esqueleto y dolores musculares, reumatismo gota, y articulaciones.

Paracelso (1493-1541) Alquimista y médico suizo y uno de los fundadores de la medicina experimental, incluye la árnica en su libro de plantas mágicas.. y dice que... *"El árnica montana se recomendaba para curar trastornos mentales transitorios. Da excelentes resultados en los catarros pulmonares crónicos que no sean acompañados de fiebre. Para los viejos se usa cuando hay retención de orina por parálisis de la vejiga, Es un remedio muy popular contra golpes y caídas, pero la tintura debe ser diluida en agua, no debe ser aplicada pura, en algunas contusiones fuertes se puede usar con muy poca agua".* Hasta aquí Paracelso.

No se debe olvidar que si se usa por vía interna se corre el peligro de intoxicación si se usa en

grandes dosis: se sabe que puede producir alteraciones del sistema nervioso y serios problemas
digestivos; En el uso externo se recomienda la
precaución de usarla en concentraciones diluidas.

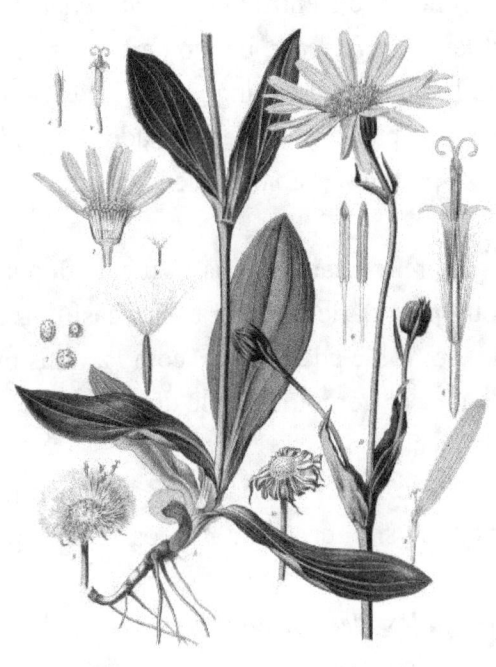

GORDOLOBO

Pirbasium candidum femina, Gordolobo hembra.

Al gordolobo también le llaman *Verbasco, Barbasco, Can-
delaria, Tripo, Candela regia,
Escobizo, Vara de Aarón, Car-
do blanco* y más nombre, entre
ellos *Molena* de donde puede
venir el nombre en ingles "Mu-
llein". El nombre científico es *Verbascum thap-
sus,* del latín *Barbascum,* barba, barbudo, por los
pelos de la planta. Se distinguen varias especies,
una de hojas más negras y el llamado gordolobo
mexicano, pero todas con propiedades muy similares.

Las mujeres romanas usaban agua de flores de
gordolobo para darle un tono rubio, casi dorado,
a su cabello. En la edad media, como a otras muchas plantas, al gordolobo se le atribuían propiedades mágicas.

Pero el uso más importante, desde hace muchos años, ha sido en té para la tos y otros problemas de garganta y pecho.

Propiedades del Gordolobo.- El gordolobo
tiene propiedades antiespasmódicas, antiinflamatorias, analgésicas, suavizantes, cicatrizantes, ru-

befacientes, pectorales, sudoríficas, emolientes, sedantes, relajantes y diuréticas.

La planta de gordolobo resulta muy adecuada en casos de dolor o inflamación de garganta, así como muy útil en el tratamiento de tos, bronquitis y vías respiratorias en general, como faringitis, laringitis y catarros, reduciendo la formación de moco y estimulando la tos con flema.

También se utilizan para tratar la bronquitis asmática, la ronquera, la tos persistente e incluso en algunos trastornos digestivos, como la diarrea y la gastroenteritis.

Externamente se utiliza en algunas dolencias relacionadas con el oído, como en casos de otitis, infecciones de oído y pérdida de audición. Se usa también para aminorar el dolor de muelas, especialmente cuando este dolor está acompañado de silbidos en los oídos, y en caso de irritación de garganta.

Las hojas de gordolobo son utilizadas externamente en cataplasmas para afecciones de la piel como forúnculos, abscesos, quemaduras, sabañones, hemorroides, cicatrización de heridas y celulitis.

Se emplea como antiinflamatorio con muy buenos resultados en piel erosionada, quemaduras y hemorroides. Como ungüento se puede usar para tratar hemorroides, quemaduras leves, contusiones e incluso dolor de articulaciones asociado con la gota (ácido úrico).

Las hojas hervidas con agua o leche son emolientes, se aplican como cataplasma sobre los sabañones, manos ajadas, hemorroides, y también se ha usado como cicatrizante.

El té de Gordolobo Ayuda a la digestión y es regulador del tránsito intestinal, por lo que es recomendable durante todo el año, pero resulta muy útil sobre todo en la época de otoño e invierno. Para preparar el té, se aconseja añadir dos cucharaditas de las hojas y las flores secas de gordolobo en una taza de agua caliente, dejar reposar durante 10 a 15 minutos para después colar y beber. Se recomienda consumir 3 tazas de té al día y, al igual que con otros tés y remedios naturales, beber el té por un periodo de una o dos semanas para mejores resultados. El té también se puede consumir para encontrar la relajación gracias a su ligero efecto sedante.

Los indios americanos la utilizan para favorecer la sudoración, propiedad útil en caso de escalofríos por las fiebres.

Se cree que fumar gordolobo puede calmar el asma y aliviar a los pulmones afectados por el cigarrillo, además de ayudar a abandonar el vicio del tabaco.

En la industria de los alimentos, el gordolobo se usa como saborizante de algunas bebidas alcohólicas.

Contraindicaciones del Gordolobo.- Las flores del gordolobo tienen estambres muy finos, que pueden producir irritación de garganta, se recomienda filtrar bien el té con filtro de papel o de algodón para evitar ingerirlas

No deben utilizar remedios con gordolobo personas con enfermedades de hígado, que estén tomando anticoagulantes, o personas con alergia a las plantas.

Tampoco deben utilizar su aceite esencial personas con el tímpano roto para tratar el dolor de oídos.

DIURÉTICO: Favorece la secreción de orina.

EMOLIENTE: Ablanda una dureza o un tumor.

EXPECTORANTE: Expulsa las secreciones pulmonares por medio de la tos.

EUCALIPTO

Eucalyptus globulus, es el nombre científico y en casi todos los idiomas le llaman igual. En inglés, francés y alemán se llama *eucalyptus*, en italiano *eucalitto*, y en portugués igual que en español.

Este árbol gigantesco tiene múltiples usos: la madera se usa para carpintería y para obtener celulosa para producir papel. Por su olor característico, se aprovecha en perfumería, artículos de limpieza y golosinas. Sus propiedades curativas se conocen desde hace miles de años. Usado especialmente para dolencias de las vías respiratorias.

El eucalipto es un árbol de la familia de las mirtáceas, originario de Australia. Puede alcanzar hasta 100 metros de altura en regiones cálidas. También se adapta a zonas frías, pero su desarrollo es menor. Sus hojas son duras y resistentes, de forma alargada y puntiaguda. De ellas se obtiene el aceite perfumado, característico de ese árbol. Las flores son amarillas y pueden aparecer aisladas o unidas. Los frutos son bayas duras y de intenso aroma.

Cultivo.- Se planta a través de vástagos. Es un árbol de rápido crecimiento, y sus distintas especies se adaptan a diversos suelos y climas. Al plantarlo debe de tenerse en cuenta la envergadura que suele alcanzar. También hay que considerar que absorbe gran cantidad de agua e impide el crecimiento de otras plantas, de allí que se utilice para secar zonas pantanosas.

Propiedades.- Las hojas de eucalipto tienen numerosas glándulas pequeñas que producen un aceite esencial perfumado, llamado *eucaliptol.* Es el principal agente curativo que se usa de ese árbol, y forma parte de los componentes de muchos medicamentos industrializados.

El eucalipto es antiséptico y desinfectante, apto tanto para uso externo, como para elaborar bebidas y jarabes. Posee propiedades expectorantes, excepcionales para catarros. Estimula la circulación local, es decir, tiene efecto vasodilatador. Aplicado como ungüento, sirve como calorífico en dolencias respiratorias, y como analgésico en afecciones artríticas y reumáticas.

El aceite esencial se obtiene destilando hojas frescas, o se puede adquirir en botánicas. Las hojas secas se utilizan para preparar diversas infusiones, inhalaciones, cápsulas y para fumigaciones de ambientes.

APLICACIONES Y USOS

Inhalación para resfríos y catarros.- Hervir agua en un recipiente y agregarle 10 gotas de aceite esencial o 25g de hojas secas. Inhalar durante 10 minutos. Repetir dos veces por día.

Infusión para tos, catarros y gripes.- Hervir un litro de agua. Añadirle 30g de hojas secas y mantener el recipiente caliente durante 15 minutos. Colar, filtrar y endulzar con mucha miel. Beber hasta cuatro tazas diarias.

Decocción para fiebre y bronquitis.- Hervir durante 3 minutos, 20 gramos de hojas de eucalipto, 10 g de regaliz y 5 g de canela en medio litro de agua. Dejar asentar 10 minutos, colar y endulzar con miel. Tomar una taza a la mañana en ayunas y otra a la noche antes de acostarse.

Tintura para el asma.- Macerar 5 g de hojas frescas de eucalipto en 50 ml de alcohol de 60°. Dejar cinco días, filtrar y poner la tintura en un frasco de vidrio con cuentagotas. Diluir 10 gotas en agua y beber para calmar los accesos. También puede usarse para la congestión pectoral en general, en una proporción de media cucharadita en 10 ml de agua, dos veces por día.

Ungüento para el pecho y articulaciones.- Diluir 5 gotas de aceite esencial en 10 ml de aceite neutro, y esparcir y masajear el pecho y la espalda. Ayuda a expectorar y dilatar los bronquios.

La misma preparación puede usarse para los senos paranasales, en resfríos y sinusitis. Sirve también para aliviar dolores reumáticos y artríticos.

Cápsulas para bronquitis.- Tomar un puñado de hojas de eucalipto bien secas. Picarlas hasta que se reduzcan a polvo y preparar cápsulas de 200 mg. Tomar tres cápsulas diarias.

Loción para heridas y llagas.- Hervir un litro de agua. Agregarle 100g de hojas de eucalipto. Dejar entibiar y filtrar. Se utiliza para lavar heridas, llagas y ulceraciones. Tiene efecto desinfectante y cicatrizante.

Expectorante.- Se utiliza una botella de miel de abejas, jugo de limón y los jugos extraídos de tilo, borraja, sauce, pulmonaria, menta, poleo, pepas de eucalipto, mora de Castilla y mora común. Colocar el jugo de cada una de las plantas mencionadas en un pocillo. Cocinarlos con miel y limón. Luego, colar y envasar, y tomar 3 copitas diarias. Repetir hasta curar.

Asfixia.- Hervir en un litro de agua el jugo de eucalipto, tuna, abrojo, menta y pulmonaria, hasta que el agua quede reducida a la cuarta parte. Dejar enfriar y tomar 3 tacitas por día.

Desinfectante para el baño.- Usar jugo de romero, toronja y eucalipto. Colocar dos gotas sobre el cilindro de cartón del papel higiénico.

Desodorante para el calzado.- Emplear jugo de eucalipto, lima y ciprés. Utilizar luego una gota de cada uno (o tres gotas de uno solo de ellos) para impregnar un papel absorbente, que deberá dejarse adentro del calzado durante la noche.

Desinfectante.- Utilizar 7 gotas de eucalipto, 10 de lavanda y 4 de limón, diluidas en 4 tazas de agua, y usar como vaporizador, o embeber una esponja para aplicar.

NOTA:- Es mejor recoger las hojas de las ramas adultas en verano y otoño. Se deben poner a secar en lugar aireado, y luego guardar en recipientes de vidrio o en sobres de papel.

PEREJIL

(Petroselinum hortense)

Originaria de Sardinia. De la familia de las umbelíferas. Entre otras plantas de la familia están el apio, zanahorias, cilantro y la cicuta, que es muy parecida al perejil y es un poderoso veneno, fue el que se usó para cumplir la sentencia a muerte de Sócrates el año 399 ac) de modo que si se recoges perejil silvestre en el campo, asegúrate de que no sea cicuta.

El nombre del perejil viene del griego *petros,* piedra, por encontrarse casi siempre entre las rocas. Puede llegar a medir un metro de alto. Hay dos clases del perejil, el de hoja rizada y el de hoja plana, conocido como italiano.

Las flores son de un color amarillento verdoso dispuestas en forma de umbelas que pueden llegar a tener hasta veinte radios. De su maduración se obtienen los frutos, pequeños, redondeados y de color grisáceo.

El griego Galeno, ya en su época de ejercicio profesional en Roma (allá por el siglo II), conocía las propiedades de esta planta para la eliminación de orina, propiedades que aún hoy día, después de casi 2000 años de Galeno, se mantienen vigentes.

Los romanos usaban mucho el perejil. El historiador y naturista Plinio escribió en el siglo primero de esta era que los romanos de todas clases gustaban del perejil y que no debería de faltar en ninguna ensalada o salsa.

Los griegos lo usaban en coronas funerarias y en galardones a los atletas. A los cadáveres se le cubría con perejil para contrarrestar el mal olor. También había la creencia de que si al desgajar ramas de perejil se repetía el nombre de un enemigo se le podía causar la muerte.

La historia también guarda el dato de que en el siglo noveno el emperador Carlomagno era muy aficionado a cierto queso al que se le daba sabor con semillas de perejil y que cada año hacía que le mandaran dos cajas de ese queso.

El perejil contiene flavonoides, luteolol y apigenol y sales de potasio, lo que le proporciona acción diurética, empleándose en casos de oligurias, edemas y procesos de leve hipertensión.

Además tiene sales de hierro, calcio, fósforo, magnesio y varias más, que le confieren, junto con las vitaminas A, B y C, propiedades como remineralizante, tónico y antianémico, por lo que se emplea frecuentemente en casos de inapetencias y convalecencias de enfermedades. Por eso, un dicho de los antiguos al ver a una persona muy decaída o moribunda era: *"Ese necesita perejil"*

Es buen aperitivo y ayuda en digestiones lentas y cura las flatulencias. Masticando unas hojas se refresca el aliento y le quita el mal olor a la boca.

Infusión de hojas. Dos gramos de hojas de perejil se añaden a un vaso de agua hervida, dejándolo en contacto durante diez minutos; después de filtrado, el líquido resultante se puede tomar antes de las comidas como digestivo.

Decocción de raíces. Tres gramos de raíz se añaden a un cuarto de litro de agua que empiece a hervir, dejándolo hervir durante cinco minutos. Después de 15 minutos de reposo, se puede tomar de igual modo que la infusión.

Modo de empleo.- Té, jugo, agua destilada, jarabe, cataplasma.

Nota.- Las hojas restregadas contra las picaduras de insectos, calman el dolor. Si se mantienen unos días en el pecho de las lactantes, bloquean la producción de leche. Por lo tanto, el perejil no debe ser utilizado por las gestantes, ya que puede provocar abortos. Por otro lado, estimula el ciclo menstrual, ayuda a controlar la flatulencia, el dolor de estómago o cólicos.

El jugo de perejil aleja los mosquitos.

Resumiendo: Disminuye la presión arterial alta. Baja el nivel de colesterol y de triglicéridos en los vasos sanguíneos. Mejora el dolor menstrual y las irregularidades menstruales. Podría atenuar el reumatismo. Actúa como diurético y es utilizado para tratar infecciones urinarias y cistitis. Facilita la eliminación de los cálculos renales (de tamaño pequeño a moderado). Es utilizado en el tratamiento de los casos de flatulencia o meteorismo. Debido a las características aromáticas de esta planta, es muy utilizada para tratar problemas de mal aliento, para esto se deben masticar algunas hojas de perejil durante el día. Posee propiedades anestésicas y es recomendado para calmar los dolores ocasionados por contusiones. Es considerado afrodisíaco y favorece la producción de estrógenos. Puede ser muy útil para las mujeres con menopausia.

Contraindicaciones.- Durante el embarazo, no se recomienda el uso de semillas de perejil, dado que puede ocasionar sangrado y contracciones uterinas. Reacciones alérgicas ocasionales en la piel y las mucosas. Cuando las personas presentan hipersensibilidad a alguno de los componentes de esta planta, por ejemplo, apiol, su consumo puede ocasionar malestares estomacales y alergias. En estos casos basta con dejar de ingerir el perejil para eliminar los síntomas. Los aceites de perejil podrían causar síntomas de envenenamiento en algunas personas, como aumento de las contracciones de la vejiga, los intestinos y el útero. Otros efectos secundarios que podrían darse en casos raros, incluyen pérdida de peso excesiva, hemorragias nasales, insuficiencia renal y sangre en las heces. Es un excelente diurético, por lo que no se recomienda su consumo a las personas que sufren de insuficiencia renal.

Siempre es prudente consultar con su médico.

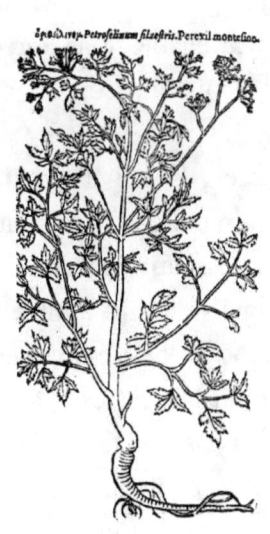

PAPAYA

La papaya es el fruto del papayo, una planta tipo árbol, nativo del continente americano, pero que hoy se cultiva en todas las zonas de clima cálido o tropical del planeta, porque es una fruta muy apetecida en el mercado.

Las antiguas culturas prehispánicas asociaban sus usos medicinales con la fertilidad, pero este fruto también es apreciado en la medicina natural. Todos sabemos que *"es buena para el estómago"*, pero tiene otras muchas propiedades.

Los frutos o papayas, tienen una piel suave, de color anaranjado en general, y tienen forma elíptica. Pueden llegar a pesar hasta quince o más libras, pero las variedades más apreciadas y conocidas a nivel comercial son las de menor tamaño.

Sus propiedades digestivas y diuréticas son sin duda su mayor cualidad medicinal, ya que facilita el tráfico intestinal gracias a la enzima *papaína*. Esta enzima se utiliza también en la fabricación de artículos de belleza, cervezas, y algunos alimentos industriales, especialmente aquellos destinados al consumo de los bebés.

Debido a su alto contenido de enzimas como *papaína* y *papaverina,* ha crecido el interés por conocer más a fondo la capacidad medicinal. *Y* por las sales y algunos prótidos similares a los que se encuentran en la carne y los huesos, le han abierto un espacio importante en las investigaciones de la medicina natural y la nutrición.

A la hora de escoger esta fruta en el mercado es importante saber que se puede madurar en casa, (No es como las naranjas y las uvas *que en el árbol se maduran*). Se puede acelerar el proceso de maduración haciendo pequeñas incisiones en el fruto. Para su óptimo consumo y para disfrutar al máximo de su sabor dulce, ha de estar firme pero no dura, y debes verse sana evidentemente.

ALGUNOS BENEFICIOS DE LA PAPAYA

Para limpiar el organismo.- Consumir en el día únicamente papaya (en jugo y/o la pulpa, realizar la cura una vez al mes).

Para el estreñimiento.- La papaya al igual que la pitahaya, la ciruela y el tamarindo consumidos habitualmente alivian los síntomas del estreñimiento.

Para la tos.- Las flores de la papaya se preparan en té endulzado con miel de abejas, se deja enfriar y se toma. Para la tos persistente, se coce la papaya en el horno, endulzada con miel. Luego se exprime el jugo, con lo que se logra un jarabe que calma la tos, aún en los tísicos avanzados (tuberculosis pulmonar) administrándoles por cucharadas dos o tres veces al día.

Una receta casera muy efectiva contra las amebas y los parásitos consiste en licuar una cucharada de semillas y cáscara de papaya junto con una mandarina sin cáscara. Esta mezcla deberá ser tomada durante cinco días en ayunas para obtener mejores resultados.

Para la piel.- La papaya ayuda en problemas de eczemas, acné, úlceras, heridas purulentas, herpes, hongos, para limpiar y ayudar a cerrar heridas y limpiar tatuajes. El jugo de la papaya verde es especialmente efectivo contra todas estas afecciones.

La cáscara de la papaya con algo de la pulpa es un excelente hidratante para la piel, incluyendo la cara; se puede dejar por unos minutos y enjuagar con agua.

Para suavizar la piel: Se mezcla la papaya con mango, guayaba y miel de abejas se aplican por 20 minutos.

Para desvanecer pecas: Se aplica el jugo exprimido de la papaya madura.

Para contusiones, heridas, golpes, torceduras, grietas en los pezones de las madres lactantes, poner la pulpa de la papaya sobre el área afectada. *Heridas purulentas.-* Las hojas del papayo se colocan sobre las heridas para limpiar la piel y ayudar a cicatrizar. Revuelta con miel de abejas ablanda cicatrices viejas y las minimiza.

Para reducir fiebres.- Machacar las hojas de papaya y colocarlas en cataplasma.

Para el acné.- Preparar una mascarilla con diez gramos de cáscara de papaya, diez gramos de pulpa de mango y una cucharada de miel de abejas. Se mezclan los ingredientes y se aplica en el rostro por 20 minutos.

Cáncer.- Recientes hallazgos indican que una sustancia llamada β-criptoxantina contenida en la papaya, potencialmente podría actuar como agente preventivo contra el cáncer de pulmón. Otros alimentos que también contienen esta pro-vitamina se encuentran la naranja, pepino, sandía, yema de huevo y la mantequilla.

Fiebres, depuración.- Las semillas y cáscara de la papaya, consumidas con jugo de naranja, producen efectos de limpieza.

La savia del tronco de papayo contiene la sustancia enzimática conocida como papaína, la cual es un complemento excelente para la salud, al mismo tiempo que se usa en la cocina para ablandar carnes.

La savia resulta sin embargo tóxica e irritante, con lo cual su consumo o contacto directo ha de evitarse o hacerse con cuidado.

Aunque la papaya sea medicinal, es muy conveniente usarla habitualmente como alimento, pues te protegerá de varias enfermedades.

Sea prudente y consulte a quien más sabe

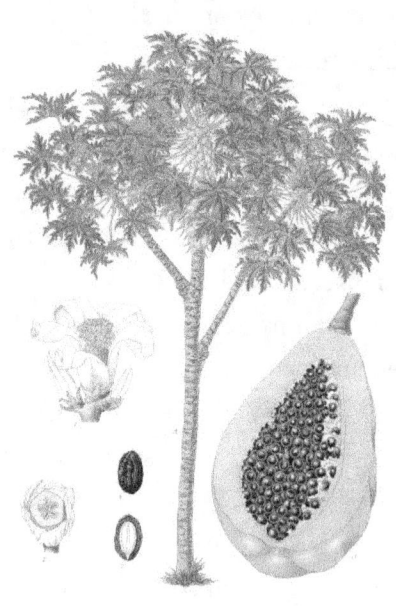

COL - REPOLLO

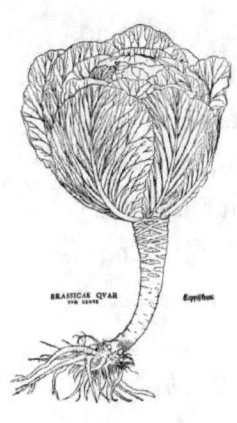

El repollo o col, también llamado *bersa*. Nombre científico: **Brassica oleracea.** En francés: *Chou;* en inglés: *Cabbage.* Es una planta comestible de la familia de las Brasicáceas.

Los antiguos utilizaban el repollo únicamente como planta medicinal. Grandes médicos de la Grecia antigua lo tenían en gran estima. Crisipo le dedicó un tratado entero y Pitágoras alabó sus virtudes, mientras que Hipócrates lo prescribía para curar diarreas y cólicos.

En la Roma imperial lo tomaban al final de sus famosos banquetes para suavizar los efectos del alcohol.

Lo llaman **"El médico de los pobres",** porque el repollo es una especie de panacea. Así, Alain Rollat escribe que el repollo *«fortifica, corta el camino a los microbios, elimina los gusanos intestinales, purifica el conjunto del organismo, regulariza el trabajo del estómago, del hígado, del intestino, equilibra el sistema nervioso, calma los dolores gástricos e intestinales, favorece la regeneración celular, etc.».*

Añadamos que es insuperable contra los dolores, los reumatismos y la artrosis, al mismo tiempo que alivia las ronqueras más rebeldes.

La forma más sencilla de aprovechar sus beneficios es comiendo repollo, naturalmente, y a ser posible crudo. Cortado en laminillas finas, se adapta muy bien a las sazones tipo vinagreta.

Aún cocido conserva una gran parte de sus cualidades. La *«buena sopa de repollo»* no es ninguna leyenda... !es buena!

Aplicaciones y propiedades

El repollo es ricp en sales minerales, magnesio (contiene abundante clorofila), vitaminas C y A, mucílago, alrededor de un 7% de glúcidos, un 4% de proteínas, y otras sustancias variadas entre las que se encuentra una esencia sulfurosa parecida a la que presenta la mostaza; también se estima que contiene una vitamina poco estudiada, la U, que podría ser la responsable de su excelente efecto cicatrizante, especialmente de la úlcera gastroduodenal.

El repollo es hipoglucemiante, pues reduce el azúcar en la sangre de los diabéticos. La vitamina C le convierte en antiescorbútica. El caroteno que contiene (vitamina A) parece ser el motivo de que presente acción citostática, previene de posibles tumoraciones cancerosas. También posee propiedades diuréticas, depurativas y antianémicas. En usos externos es vulneraria y cicatrizante, útil en heridas infectadas, eccemas, forúnculos, acné, e incluso en úlceras varicosas. Tomado en ayunas, el repollo es además vermí-fugo, es decir, combate los parásitos intestinales.

REMEDIOS POPULARES CON REPOLLO

Para detener la caída del cabello y fomentar su crecimiento.- Frotar a diario con el zumo de las hojas de repollo.

Para combatir el alcoholismo.- Extraer una botella del jugo del repollo y mezclar con media botella de vinagre de manzana. Tomar una copita antes de los alimentos hasta notar resultados.

Para restituir la voz perdida (afonía).- Preparar una ensalada cruda de repollo con limón, aceite y poca sal, y se come tres veces por día sobre los alimentos.

Contra los dolores reumáticos y otros usos externos sobre la piel (heridas, úlceras, eccemas, etc.). Preparar una cataplasma de repollo, utilizando las hojas más grandes y verdes. Se les cortan las venas centrales a las hojas y se ponen una sobre la otra aplastándolas un poco con un rodillo de amasar o bien con una botella, para que salga el jugo. Se pueden calentar un poquito pasándoles por encima una plancha caliente. Se aplican directamente sobre la zona afectada durante 2 a 4 horas. En casos graves hay que repetir la operación dos o tres veces al día. La cataplasma de la noche se puede mantener hasta la mañana siguiente, sujetándolas con vendas de algodón.

Para el acné y dermatitis.- Colocar varias hojas de repollo en una licuadora y del jugo obtenido se toma un vaso durante el día. Se puede mezclar con jugo de zanahorias para mitigar el fuerte sabor. Esta mezcla se puede aplicar externamente con una bolita de algodón sobre los granos del acné.

Para las úlceras estomacales.- Obtener 1/2 taza de jugo de repollo crudo y tomar en la mañana y en la noche. Este remedio es un estupendo antiácido natural y ayuda a curar las úlceras. *Precaución*: no consumir el jugo de repollo durante largos periodos de tiempo, ya que puede reducir las funciones de la glándula tiroidea y producir bocio.

Para el estreñimiento.- Ingerir dos veces por semana alrededor de 5 tazas de col picada, cruda o cocida

Para cicatrizar heridas.- Machacar un par de hojas crudas de repollo y mezclar con salvado. Aplicar, a modo de cataplasma, sobre las heridas.

Para la tos, ronquera, resfriados de pecho, bronquitis.- Las hojas hervidas de la col proporcionan un eficaz remedio.

*Para las úlceras varicosas.-*Las hojas lavadas y sin las nervaduras mayores se ponen a macerar algunas horas en agua con boro, luego se aplican sobre las úlceras varicosas, que se tapan con gasa. La operación debe ser repetida dos veces al día... y pronto verá el alivio en su várice.

Por eso y por mucho más al repollo o col le llaman *"EL MÉDICO DE LOS POBRES"*

Nota... Si usted digiere mal las coles, hágalas cocer en dos aguas sucesivas, pero recuerde que las coles son mejores crudas.

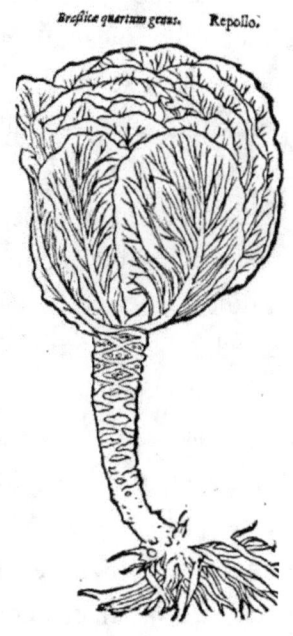

Brassica quartum genus.   Repollo.

LA MACA

La Maca o La Raíz de Maca, es una planta originaria de los Andes del Perú, como lo dice su nombre científico, *Lepidium peruvianum,* aunque ya su cultivo se ha extendido por todo el mundo por su grande valor nutritivo y medicinal.

La Raíz de Maca nutre, vigoriza, regenera y cura. Esta planta es una hortaliza como un betabel o como la jícama mexicana, aunque más se asemeja al rábano por su forma aunque es ligeramente más grande en tamaño. La raíz es de tres a seis centímetros de ancho y 4 a 7 centímetros de longitud. Posee un sabor picante y amargo pero al secar la maca, el sabor se torna un poco más dulce. La raíz de maca se seca y se pulveriza para ingerirse oralmente.

En el Perú la maca es azada y mezclada con las raíces, es la preparación más común y le llaman **huatina** o dulce de maca, se consume comúnmente con leche para formar una especie de tortas suaves, aunque también suele combinarse con otros alimentos como granos, plantas o se deseca y se tritura en forma de harina para hornear.

Las hojas de maca se utilizan en ensaladas; para el licor se maceran las raíces cocidas y se licúan, preparando un coctel curativo.

Un tipo de cerveza suave se hace a base de maca fermentada, se le conoce como *Chicha de maca.*

La raíz de maca se considera un reconstituyente prodigioso, aunque sus raíces suelen comerse cocidas como alimento tradicional.

Se ha descubierto que la maca contiene más proteína que cualquier otro tubérculo, y no causa ningún efecto secundario. El consumo de maca, capacita el organismo para desarrollar mayor trabajo físico y mental, pues reduce el estrés hasta un 40%, siendo un poderoso energético de bajo aporte calórico.

Reemplazante Hormonal: La maca rejuvenece el sistema endocrino en hombres y mujeres porque es un reemplazante hormonal. Con la maca, no solamente se encontrará ayuda para aumentar sus niveles de hormonas a un estado post-menopáusico más saludable sino que le será de muchísima ayuda en su organismo. Por ello, al tomar maca, la mayoría de las mujeres pueden librarse de la dependencia de tomar hormonas.

La raíz de maca tiene efectos óptimos en ambos sexos ya que al influir directamente en el flujo sanguíneo, las relaciones sexuales se mejoran significativamente al proveer una acción vigorizante en la zona pélvica, aumentando la potencia sexual y estimulando el deseo sexual. Por eso la Maca también es conocida como *el Ginseng de los Andes* y el *Viagra de los incas*, por sus atributos afrodisiacos, pero sin los efectos secundarios del viagra.

Otros beneficios de la maca.- Por la gran cantidad de antioxidantes que contiene, combate los radicales libres, disminuyendo el proceso de envejecimiento.

La maca estimula las glándulas del cuerpo y éstas a su vez activan a los ovarios, adrenales, testículos, tiroides, páncreas, etc. a producir sus propias hormonas y regresarlas a su funcionamiento normal y saludable, produciendo cada glándula su equilibrio normal de hormonas, lo que genera un estado de salud y bienestar óptimo que repercute en el estado de ánimo y gozo diario.

La raíz de maca también ayuda tanto a mujeres como a hombres a evitar la osteoporosis al ser un fitoestrógeno natural que evita la pérdida de la capacidad de absorción del calcio de los alimentos.

Maca energética: la maca transporta más oxígeno al cuerpo y evita la baja presión, a su vez que puede prevenir la anemia y fortalecer el organismo. También tiene yodo, otro elemento energético, que sirve para regular el funcionamiento de la glándula tiroides; y zinc, que ayuda al sistema inmune. Es un complemento ideal para la fatiga, la pérdida de memoria, el cansancio, el estrés y la convalecencia. Además es un suplemento deportivo inmejorable, porque mejora la resistencia física.

Maca anti cáncer.- Gracias a los alcaloides, la maca estimula las células defensivas o fagocitos, evitando tumores o cáncer.

Como otras plantas de la familia de las crucíferas, el brócoli, el repollo, la mostaza, etc., tiene un componente llamado glucosinato, que le da su sabor picante característico, éste componente tiene una función antioxidantes para mantener bien saludable el organismo y ayuda a eliminar de forma natural las células dañadas o las afectadas por un tumor, es antidegenerativo y antimutagénico.

Maca antidepresiva.- Todos aquellos que consumen pastillas para dormir o para la depresión pueden ingerir maca para evitar los efectos colaterales, siempre con la supervisión de su médico.

Hay quien experimente efectos adversos cuando comienzan a tomar maca, como el insomnio y la hiperactividad, pero bien pueden ser solamente los síntomas de desintoxicación.

RUDA

La ruda fue planta muy importante en la antigüedad. Sobre ella se han escrito y se pueden seguir escribiendo libros. Y como de esta y otras plantas, aquí le contamos historia y curiosidades, pero al hablar de los usos antiguos, de ninguna manera los estamos recomendando. Si decide usar alguna planta, use su criterio y sentido común, nuestro interés es más informativo que médico.

Según el Evangelio de San Lucas 11:42, se usaba la ruda en ceremonias y rituales. Los romanos tenían a esta planta en gran estima, y Plinio el Viejo la recomendaba para preservar la vista.

En la Edad Media la gente de buena posición no salía a la calle sin llevar en la mano un ramito de ruda para que no se le subieran los piojos de los mendigos; a su vez, los herbolarios de los siglos XVI y XVII la usaban como antídoto contra el veneno de hongos, serpientes y otros animales ponzoñosos, y por su fuerte olor tenía fama de mantener a raya las plagas y las pestilencias.

Leonardo de Vinci y Miguel Ángel decían que la ruda no solo les mejoraba la vista, sino que les ayuda en la visión interna y profunda de su ser y de las cosas.

En el siglo XVIII se ponían ramos de ruda en las salas de justicia con el fin de ahuyentar los gérmenes y parásitos de los reos, y durante un tiempo los ramos de ruda se usaban en las iglesias para rociar el agua bendita.

La ruda fue llamada *"la planta del perdón"*, porque decían que quien la toma perdona las traiciones y los malos sentimientos.

Popularmente, se usa con otras plantas para prevenir el *"mal de ojo"* y en las *"limpias espirituales"*. Asimismo, en algunos lugares todavía se acostumbra bañar a las mujeres con ruda dos o tres días después del parto para quitar los "aires", fortalecer los músculos y tranquilizarlas.

También es usual quemar ruda dentro de las casas, pues se dice que al ahumarlas sus esencias limpian el ambiente y a sus moradores.

Según la creencia popular, se "cura" la perrilla u orzuelo externo; para ello hay que pasar sobre el ojo un ramito de ruda, que luego se tira sin fijarse dónde cae, aunque luego hay que evitar pasar por ese sitio durante un tiempo.

Si los bebés están muy molestos se limpia su cuerpecito con un ramo de ruda, y para sacarlos a la calle se les coloca un ramito en su manta para que *"no topen aire"*.

Al entrar a un panteón, se acostumbra usar un ramito detrás de la oreja, y una maceta con ruda en la entrada de la casa o en el jardín evita las malas vibras que traen los visitantes no deseados.

Características.- La ruda, planta perenne que no requiere condiciones específicas de cosecha, se renueva con bastante rapidez, se mantiene siempre verde aun en los inviernos más rigurosos, prospera bien en terrenos secos y se cultiva por semilla o por división de matas; durante la primera cosecha se debe realizar un solo corte, y en las siguientes dos: uno en primavera y otro en otoño. En la destilación de sus esencias se utilizan los tallos, las hojas y las flores. Por su toxicidad se recomienda tener cuidado con su manejo y no mezclarla con otras plantas.

La ruda es un arbusto que mide entre 50 y 100 centímetros de altura, de tallo leñoso, ramoso y redondo, hojas carnosas verde azulado y grisáceas o blanquecinas, que despiden un fuerte olor acre y amargo cuando se frotan. Sus flores forman vistosos ramilletes de color amarillo limón; el fruto en forma de ciruela es una cápsula con múltiples semillas uniformes de color negro, portadoras de la droga que en la India llaman *harmala*.

Existen muchas especies de esta planta, pero las principales son la de jardín -la que más se utiliza- y la silvestre, que es la más tóxica.

Propiedades y composición.- Su esencia es incolora o ligeramente amarillenta, de olor intenso característico. Sus aceites esenciales son ricos en ácidos (anísico, caprílico y salicílico, que le dan su poder analgésico), terpenos, alcaloides, taninos y rutina, y tienen propiedades rubefacientes (es decir, que producen enrojecimiento de la piel), antiespasmódicas, emenagogas (que propician la menstruación) y antiparasitarias.

Los principios activos se encuentran en toda la planta.

Modos de usarse.- Para las molestias digestivas y de menstruación se prepara agua hervida caliente con unas cuatro o cinco hojas; se puede endulzar con miel y se bebe caliente, hasta dos veces al día.

Para el dolor de oídos se entibia una cucharadita de aceite comestible, se ponen tres gotas en el oído enfermo y luego unas hojas de ruda.

Para enfermedades nerviosas, vértigo, dolor de cabeza y gota, se hierven tres hojas por litro de agua y se toman tres tazas al día. La misma infusión se usa en úlceras y llagas, para enjuagar la boca y, dos veces por semana para lavar la cabeza y eliminar los piojos.

En caso de abscesos y furúnculos se hace una cataplasma de la planta fresca machacada, que se aplica caliente sobre la lesión y se cubre con una gasa; también se puede usar en forma de polvo o extracto fluido, tintura o infusión para uso externo.

Para uso interno.- Su uso interno se indica para el aparato circulatorio porque tonifica las arterias y protege los capilares de las várices. Se recomienda para tratar los edemas y los problemas de circulación; en este caso se toman 12 gotas de extracto fluido al día, repartidas en dos tomas.

Para ciertos problemas del aparato digestivo se prepara una infusión diluida de 1/2 gramo de planta por taza de agua. Para los retortijones y dolor de estómago, hepático o intestinal, se recomienda tomarla combinada con eneldo seco.

Es útil en el tratamiento de las enfermedades nerviosas, ya que calma la ansiedad; se toman dos tazas al día de una infusión de 3 a 5 gramos de la planta fresca en un litro de agua (si se emplea planta seca se utiliza la mitad de la dosis: vierta una taza de agua hirviendo sobre una a dos cucharaditas de hojas, se deja reposar diez minutos y se bebe media taza tres veces al día).

Para quitar la jaqueca se hace una infusión caliente con un poco de ruda y flores de manzanilla.

Las hojas masticadas alivian el dolor de cabeza provocado por tensión y ansiedad. No debe utilizarse como abortivo pues en altas dosis es tóxica.

Para la sordera y aire en los oídos se coloca un poco de hojas dentro de la oreja.

Contraindicaciones.-No se administre a menores de edad ni mujeres embarazadas. En dosis elevadas causa depresión del sistema nervioso central y puede generar sangrados uterinos intensos y la muerte.

Hay muchas otras advertencias sobre el uso de esta planta, lo que indica que como pude ser muy útil, puede ser peligrosa, para que pregunte a quien más sepa y consulte a su médico en caso de que quisiera probarla.

CHAYA

La chaya, cuyo nombre científico es *cnidoscolus chayamansa o Cnidoscolus aconitifolius*, es también conocida como el árbol espinaca y es un arbusto de hojas perennes y ramas muy quebradizas, perteneciente a la familia de las *Euphorbiaceae,* nativa del estado de Tabasco y de la Península de Yucatán en México.

La chaya está muy asociada con la cultura maya, donde se conoce con el nombre de **chay**. Era consumida desde tiempos inmemoriales mezclada con maíz y semillas de calabaza, formando una especie de tamal. Durante varios siglos, constituyó un alimento primordial en la alimentación maya. Es muy popular en México y en Centroamérica pues sus hojas se utilizan como una hortaliza, que son cocinadas y preparadas como las espinacas. La chaya es muy nutritiva y benéfica, pues contiene una notable cantidad de vitaminas, sales minerales, oligoelementos y enzimas, importantes sustancias que forman un fitocomplejo y que actúan favorablemente sobre múltiples dolencias del organismo humano, sin que se sepa que produzcan efectos negativos.

Se consumen las hojas. Entre sus beneficios están la regulación de la presión arterial, el mejoramiento de la circulación sanguínea y la desinflamación de las venas y hemorroides. También reduce el nivel del colesterol y del ácido úrico, ayuda a reducir el peso y aumenta la retención de calcio en el organismo, con lo que se fomenta el crecimiento de la masa ósea. Muchas personas la consumen por lo tanto como planta medicinal. La dosis recomendada es de 2 a 6 hojas por día, licuadas en sopas o ensaladas después de haber sido cocidas.

Beneficios de las hojas de la Chaya.-

La Chaya tomada en forma de té actúa favorablemente sobre las dolencias del organismo humano. Facilita la digestión, y combate el estreñimiento, ayuda a la expulsión de orina y aumenta la leche materna. Normaliza además numerosas funciones del organismo, previene la anemia, mejora la memoria y las funciones del cerebro y combate la artritis y la diabetes. Igualmente previene la tos, descongestiona y desinfecta los pulmones.

En los estados del sureste de México, las hojas de chaya se utilizan para elaborar diversos platillos típicos, como el *Be'ew'r e'kt'o xix bek'ch'um*, que es un tamal de chaya con semillas de calabaza, la carne salada con chaya o la sopa de chaya, los cuales forman parte de la gastronomía tabasqueña.

Las hojas son usadas en la preparación de un conocido platillo regional denominado "tzotobilchay", un tamal relleno de huevo, con salsa de pepita de calabaza, huevo y tomate.

Un estudio de la Administración de drogas de Estados Unidos en Puerto Rico informó que se podría obtener una mejor producción de hortaliza con la chaya que con cualquier otro vegetal que habían estudiado.

En otro estudio sobre la chaya, se dice que sus hojas contienen cantidades substancialmente mayores de nutrientes que los que contienen las hojas de las espinacas

La chaya es una buena fuente de proteínas, vitaminas, calcio, y de hierro. Sin embargo, las hojas crudas de la chaya son tóxicas, pues contienen un glucósido que puede liberar al tóxico cianuro. Por esta razón, se debe cocinar antes de consumirla, con lo que se desactivan sus componentes tóxicos.

Tradicionalmente las hojas se sumergen en agua hirviente por 20 minutos y se sirven aliñadas con aceite o mantequilla. El líquido que sueltan al ser cocinadas puede también ser consumido con total seguridad, debido a que el cianuro que contenían se escapa al aire volatilizado como cianuro de hidrógeno (HCN) durante el periodo de cocción.

Es recomendable no hervir las hojas de chaya en utensilios de aluminio, pues en éstos se puede producir una reacción que puede resultar tóxica, causando diarrea.

Resumiendo los beneficios de la Chaya:

Mejora la circulación de la sangre - Ayuda a la buena digestión - *Mejora la visión* - Desinflama las venas y las hemorroides - *Ayuda a bajar el colesterol* - *Ayuda a bajar de peso* - Previene la tos - *Aumenta el calcio en los huesos* - Descongestiona y desinfecta los pulmones - *Previene la anemia reemplazando el hierro en la sangre* - Mejora la memoria - *Combate la artritis y la diabetes.*

Los mayas sabían que la Chaya es buena, ahora también usted lo sabe. Es buen alimento y buena medicina. Es muy fácil de cultivar, además que es un bonito adorno en su jardín

PISTACHOS

Pistacia vera, es el nombre científico del pistachero, árbol cuyo fruto es el pistacho; procede de Oriente Medio, aunque su cultivo está muy extendido por la región mediterránea, la India y México.

Los de gustos exigentes aseguran que los pistachos de mejor calidad del mundo tienen su origen en la región iraní de Khorasan, donde se cultivan desde el siglo II a. de C. Antiguamente.

Este fruto seco, que dicen que es mencionado en la Biblia, era un privilegio reservado a la realeza y a una minoría selecta. A principios de la era cristina, los pistachos fueron introducidos en la Europa mediterránea, y en el siglo XVII se empezaron a plantar en Kennan, Persia-Irán, región que en la actualidad produce el 95% de los pistachos iraníes.

El pistachero necesita de siete a diez años para lograr una producción considerable. La producción es alterna, o bienal, es decir, la cosecha es más abundante cada dos años, alcanzando la producción pico aproximadamente a los 20 años de edad del árbol.

En California fueron introducidos en 1854 como árboles decorativos de jardín.

Aunque es un delicioso y nutritivo fruto seco muy usado en la cocina y pastelería, también tiene muchas propiedades benéficas para la salud.

Para el colesterol.-Los pistachos ayudan a reducir los niveles de colesterol malo y a la vez aumentar el colesterol bueno, en muy poco tiempo consumiéndolos de forma regular.

Para enfermedades del corazón.-Por elevado contenido de antioxidantes, entre los cuales destacan las vitaminas A y E con propiedades anti-inflamatorias naturales, se protegen los vasos sanguíneos y por lo tanto se reduce el riesgo a padecer enfermedades del corazón.

Pistacho para controlar la Diabetes.- Ayudan a prevenir la diabetes tipo 2, ya que poseen una gran riqueza en fósforo mineral que ayuda a la tolerancia de la glucosa y favorece la degradación de proteínas en aminoácidos. (No se recomienda en caso de insuficiencia renal crónica)

Para la salud de la sangre.- Por ser rico en vitamina B6, favorece la producción de hemoglobina, que es la proteína responsable de transportar el oxígeno por el torrente sanguíneo a las células del cuerpo. También se ha demostrado que aumenta la cantidad de oxígeno a nivel celular.

Pistachos para el Sistema Nervioso.- La vitamina B6, que es tan abundante en los pistachos, favorece las funciones del sistema nervioso, pues produce una sustancia que rellena la vaina aislante alrededor de fibras nerviosas y permite la óptima trasmisión eléctrica entre los nervios. Al mismo tiempo la vitamina B6 favorece la síntesis de la serotonina, melatonina, epinefrina y ácido gamma-aminobutírico (GABA), un aminoácido que induce a la calma del sistema nervioso.

Pistacho para la Vista.- Los pistachos contienen dos carotenoides específicos que pocos frutos secos poseen: la luteína y zeaxantina, que funcionan como antioxidantes protectores de los tejidos y se han vinculado con una disminución en el riesgo de desarrollar enfermedades oculares degenerativas relacionadas con la edad, como es el caso de la degeneración macular y las cataratas.

Pistachos para la anemia.- Su alto contenido en hierro hace que el pistacho ayude a evitar la anemia por falta de hierro. Por eso, por el hierro, también son buenos los pistachos para personas que practican deportes intensos, ya que estas personas tienen un gran desgaste de este mineral.

El pistacho para la buena circulación, reumas y artritis.- Por ser rico en potasio, ayuda a una buena circulación, regulando la presión arterial por lo que es un alimento benéfico para personas que sufren hipertensión. El potasio que contiene este fruto seco ayuda a regular los fluidos corporales y puede ayudar a prevenir enfermedades reumáticas o artritis.

Pistachos y buena digestión.- Por ser ricos en fibra, ayudan a favorecer el tránsito intestinal. Igual que otros alimentos con fibra, ayuda a controlar la obesidad.

Pistachos para el estrés.- Por su alto contenido en vitamina B1, ayudan a superar el estrés y la depresión.

Más beneficios.- Se recomiendan en periodos de embarazo o lactancia y también después de operaciones o durante periodos de convalecencia, debido a que en estos periodos hay un mayor desgaste de vitamina B1. Ayuda también en casos de asma y en la lucha contra el cáncer.

Casi nunca falla que los alimentos que se han consumido por siglos ha sido por alguna seria razón... *¡Porque son benéficos!*

Lo único que debemos de cuidar es el suelo donde crecen para que puedan seguir alimentándonos y dándonos salud y no enfermedades...

¡Come Pistachos!

¡Oh, sí, también son afrodisiacos! ....

ACHIOTE

El Achiote es también conocido como *Achote Atase, Potsote, Rucu, Mashe,* pero su nombre científico es *Bixa orellana. E*s un árbol pequeño, o un arbusto grande, que alcanza una altura de 3-5, pero no es raro que algunos lleguen a los 10 m de altura. Sus ramas suelen estar casi a ras del suelo, sus hojas son grandes y redondeadas, su fruto es una cápsula de entre 4 y 6 cm, con pelos gruesos y espinosos, cuando están maduros tiene el color pardo rojizo oscuro. En su interior suelen tener entre 50 y 100 semillas.

El Achiote es muy utilizado como colorante y saborizante para las comidas en los países latinos. Sí, puede ser novedad para ti, pero el achiote es producto de plantas, no se hace en fábricas.

Aunque es muy conocido como condimento, también es una hierba medicinal muy útil para el tratamiento de varias dolencias. Ha sido utilizado desde épocas precolombinas en el Perú, igual que en México, Colombia y Ecuador, etc. Uno de los nombres con que se conoce, *Urucú*, es palabra que procede de la lengua Guaraní.

Usos y propiedades medicinales del Achiote:
Astringente, antiséptico, emoliente, antibacterial, antioxidante, expectorante, cicatrizante, fe-

brífugo, estomáquico y antidisentérico, diurético y antigonorreico, purgante, desinflamatorio e hipolicemiante.

La semilla molida es utilizada para tratar sarampión, viruela, afecciones estomacales, enfermedades del riñón, disentería y ligero purgante.

La pulpa se usa en quemaduras y ampollas.

Las hojas actúan contra malestares de garganta, afecciones respiratorias, dolores del riñón, inflamaciones de la piel y vaginales, fiebre, hipertensión, diarrea, hemorroides, angina, abscesos, dolores de cabeza, infecciones de la piel y conjuntivitis.

Las hojas consumidas, machacadas o hervidas, son buenas para controlar vómitos, como antídoto contra la intoxicación por el consumo de yuca brava que contiene ácido cianhídrico.

El té de las hojas es usado por las mujeres para lavados vaginales y es muy eficaz en el control de inflamaciones producidas por hongos y bacterias.

Son dudosas, si no falsas las recomendaciones que sugieren un efecto beneficioso en las hepatitis, pero ciertamente daño no hacen.

Los frutos y semillas en infusión controlan el dolor de cabeza.

El extracto seco o la infusión de las hojas se usa mucho para controlar y curar la prostatitis, dolencia que suele degenerar en cáncer de próstata.

Para Almorranas y diarreas: Infusión de 2 gramos de la cáscara que envuelve la semilla, en 100 gramos de agua. Tomar 3 copas de este preparado durante el día.

Como expectorante y contra la bronquitis: Tomar un gramo del polvo de achiote en una taza de agua bien caliente.

Inflamaciones de la boca y la garganta: Para aliviar la inflamación y el dolor ocasionados por molestias en la garganta, se recomienda tomar un manojo de hierbas de achiote, una cucharada sopera de jengibre y hervirlo en un litro de agua. Hacer gárgaras cada 8 horas con este líquido desinflama la garganta.

Los estudios farmacológicos y etnobotánicos del ACHIOTE han atraído la atención de los especialistas hacia el laboratorio. La presencia de esteroides en las hojas del ACHIOTE sugiere que son los responsables de las propiedades antiinflamatorias que la medicina popular le atribuye para usarla como anti-reumático y para las inflamaciones de la próstata. Asimismo debido a la presencia de flavonoides, se utiliza como efectivo diurético actuando sobre el sistema urogenital y regulando la función renal.

Los resultados de estudios de laboratorios han comprobado las acciones terapéuticas, diuréticas, antigonorréicas y antibacterianas, que refuerzan la acción benéfica del **achiote** sobre la próstata y las vías urinarias, teniendo en consideración que la prostatitis es una inflamación generalmente de origen infeccioso y cuyo tratamiento requiere de productos antibacterianos y diuréticos.

Algunos autores mencionan que las hojas de *achiote* pueden ser usadas por tiempo bastante largos, ya que no se han registrado antecedentes de toxicidad.

Ahora ya sabes: el achiote es más que un colorante y un condimento en tus comidas, puede ser un agente de salud en tu organismo si lo consumes sabia y constantemente.

Recuerda el consejo del sabio: ***"Que tu alimento sea tu medicina"***, consejo que no sólo no seguimos sino que obramos en contra, consumiendo alimentos que más que nutrir son fuente de muchas enfermedades que padecemos en nuestro mundo moderno

STEVIA

La stevia (*Stevia rebaudiana Bertoni*) en guaraní se denomina **ka'a he'ẽ** ("hierba dulce") es un arbusto originario de Paraguay y Brasil, pero se encuentra también en América Central y México, y algunas especies se han encontrado tan lejos al norte como en Arizona, Nuevo México y Texas.

Primero fue investiga por el botánico español Pedro Jaime Esteve 1500–1556), de cuyo apellido origina la palabra latinizada *stevia* y el nombre científico de la planta *Stevia rebaudiana*. Planta usada desde hace miles de años en Sudamérica en la cocina, para endulzar, como golosina o como bebida y remedio para la alta presión, problemas estomacales, gota y diabetes tipo 2.

Las hojas de stevia son un endulzante natural, pueden ser comidas frescas, o ponerse en tés y alimento, son unas 30 veces más dulces que el azúcar, y su extracto concentrado, se dice que es hasta 300 veces más dulce que el azúcar.

Desde hace unos 40 años se emplea industrializada como endulzante en distintos países asiáticos, como Japón y China.

Las hojas secas de la stevia contienen proteínas, fibra, hierro, fósforo, calcio, potasio, zinc, flavonoides y vitaminas A y C. Constituye una buena alternativa como endulzante para los diabéticos, pues varios estudios dicen que ayuda a regular los niveles de glucosa en la sangre; aunque oficialmente no hayan sido aceptados dichos estudios, cada vez es más gente la que pone su confianza en esta planta.

Otros beneficios de esta planta.*-* Es antibacteriana bucal, digestiva, diurética, vasodilatadora y con efectos benéficos en la absorción de las grasas y la regulación de la presión arterial, además de poder utilizarse en aplicaciones cosméticas.

En algunos países, las preocupaciones, los intereses creados y las controversias políticas y económicas, han limitado su disponibilidad; por ejemplo, Estados Unidos prohibió la stevia en la década de 1990 a menos que el etiquetado dijera que era un suplemento dietético, pero en 2008 aprobó el *extracto rebaudioside A* como un aditivo alimentario. Con los años, el número de países en que la stevia está disponible como un endulzante ha ido en aumento. En 2011, fue aprobado el uso de la stevia en Europa.

En 1899 el botánico suizo Moisés Santiago Bertoni, durante su investigación en Paraguay oriental, describió la planta y el sabor dulce en detalle. Pero solamente se realizó una limitada investigación sobre el tema, hasta que, en 1931, dos químicos franceses aislaron los glucósidos que da a la stevia su sabor dulce. Estos compuestos, *Steviosido* y *rebaudiosido*, son 250 veces más dulces que la sacarosa, (azúcar común).

Cuando, en 1970s, endulzantes como *cyclamate* y *saccharin* se volvieron sospechosos de producir cáncer, en Japón se empezó a cultivar la stevia como alternativa y se ha seguido usando e industrializando, porque no se ha encontrado que su uso tenga efectos negativos.

Por el contrario, se sabe que la stevia tiene un efecto, insignificante pero bueno, sobre la glucosa de la sangre y puede incluso mejorar la tolerancia a la glucosa; puede ser útil como un endulzante natural para uso de los diabéticos y otros en dietas carbohidrato-controladas.

En 1991 el departamento de drogas y alimentos de Estados Unidos, (FDA), basado en una supuesta queja anónima, restringió la importación de estevia. Todo parece indicar que detrás de la decisión había intereses políticos y económicos, pues grandes compañías siguen disputando el control del producto, de manera que cuando entre de lleno al mercado tal vez no lo tengamos tan natural y a bajo costo como se ha usado por miles de años.

La extracción del endulzante de la stevia tiene un proceso similar al del azúcar. *"La gran cosa de la stevia es que es un recurso natural",* la gente se mantiene alerta de la palabra "artificial" cuando de comida se trata. En los medios, el azúcar refinado normalmente está relacionado con la obesidad. Y la obesidad ahora es ampliamente descrita como una epidemia.

Las compañías han sido rápidas para capitalizar el producto. Entre 2008 y 2012 ha habido un aumento del 400% de productos con stevia, sólo entre 2011 y 2012 hubo un 158% de incremento.

Coca-Cola se atrevió a alterar la receta para Sprite en el Reino Unido, y en marzo del 2015 lanzó una nueva versión inspirada en stevia asegurando que tiene un 30% menos de calorías.

La industria azucarera trabaja por lo pronto por presentar un híbrido entre azúcar y stevia. Y de acuerdo con analistas de bebidas y comidas globales, ahora se puede conseguir productos que han sido endulzados con stevia; como yogures, chocolates e incluso cerveza. Se tienen datos de que Japón consumió 700 toneladas métricas se stivia nada más en el año 1987. A estas fechas es grande el consumo en todo el mundo. ¿Y tú?...

ROMERO

Rosmarinus officinalis es el nombre oficial del Romero; no tiene que ver con Rosa María, como se podría suponer por un nombre que se le da en inglés, *rosemary*, pues el nombre se refiere a su nombre latino que significa **rocío de mar.** (Otros dicen que puede venir del griego **rhops,** matorral, arbusto y **myrinos**, aromático) En inglés se llama *marsh cistus*; en francés *romarin*, en portugués *romarinho*.

Este arbusto aromático, que puede llegar a alcanzar los dos metros de altura; mantiene su color verde durante todo el año. Tiene abundantes tallos y numerosas hojas pequeñas, con aspecto de espinas blandas. Produce flores blancas, aunque hay romero con flores azuladas o rosadas; da unos pequeños frutos capsulares.

PROPIEDADES.- Tiene propiedades astringentes, antirreumáticas, digestivas, estomacales y estimulantes del apetito.

Al cosechar las flores se secan a la sombra y en lugar bien ventilado, guardándose posteriormente en cajas de cartón o bolsas de papel, pero evitando los tarros de cristal, y plásticos; Puede conservarse máximo un año.

FORMA DE USO.- Las ramas tiernas de romero son usadas para dar sabor a salsas, y es muy usado en recetas de comida en todo el mundo, especialmente en Italia y todo Mediterráneo. También es buen preservativo de alimentos.

De las flores de romero se obtiene un excelente aceite aplicado en masajes y fricciones contra dolores musculares.

La esencia de romero se compone, entre otros muchos elementos, de alcanfor, que le confiere acción tónica, por lo que se puede emplear en casos de alopecia al estimular el cuero cabelludo y favorecer al mismo tiempo el crecimiento del cabello.

Las flores contienen ácido caféico y rosmarínico, y resultan muy apropiadas en tratamientos de disquinesias biliares, ya que produce la formación de la bilis y su expulsión.

Además contiene flavonoides con actividad espasmolítica, muy útil para tratar espasmos gastrointestinales, amenorreas y dismenorreas, a la vez que tienen un leve efecto diurético.

La esencia debe emplearse con precaución, puede causar irritación de la piel. La administración de esencia por vía oral pues puede acarrear consecuencias a nivel renal. No se debe usar en casos de dermatosis, embarazo, prostatitis y gastroenteritis.

Decocción.- Se prepara con un litro de agua al que se añaden 35 gramos de flores de romero, dejando hervir diez minutos; el líquido que se obtiene se aplica en masajes sobre zonas afectadas por dolores reumáticos.

Aplicado sobre el cuero cabelludo, con un ligero masaje, mejora el riego sanguíneo de la zona y favorece el crecimiento del cabello. También se emplea en el lavado de heridas e irrigaciones vaginales.

Alcohol de romero.- Se disuelven 30 gramos de esencia en un litro de alcohol de 96°, para aplicar en friegas con el fin de paliar dolores de tipo reumático, neuralgias... A veces aumenta la temperatura de la zona sobre la que se aplica, y puede ir acompañado de un enrojecimiento de la misma.

Aceite de romero.- De uso externo, se prepara disolviendo veinte gramos de esencia en un litro de aceite de oliva; sus aplicaciones son análogas a las del alcohol de romero.

Infusión general.- Se hierven 20 gramos de hojas de romero en un litro de agua, durante 20 minutos. Filtrar y beber tres tazas durante el día, tanto antes como después de las comidas, con lo que se consigue disminuir las flatulencias y cólicos.

También es antiséptico. Analgésico. Cicatrizante. Y por su aroma y otras propiedades es usado en shampoos y limpiadores para el hogar.

Tradición y leyendas.- Los griegos decían que al nacer Afrodita-Venus de la espuma del mar (semen de Urano) venía adornada con ramas y flores de romero.

En algunas partes se dice que el romero le prestó sombra a la Virgen María en su huida a Egipto (en otras partes dicen que fue el enebro). También se dice que la Virgen colocó su manto sobre unas matas de romero y las flores blancas se volvieron azules, y la planta se llamó *Rosa de María*. También se dice que trae suerte a las familias que perfuman con él su casa en Nochebuena.

A Isabel de Polonia, reina consorte de Hungría, para renovar la vitalidad de extremidades paralizadas le preparaban una mezcla de romero fresco en espíritus de vino, que untada servía también para la gota.

Tiene reputación de mejorar la memoria. Estudios modernos han comprobado que sí se recuerda mejor, aunque lentamente, pero sí mejora la memoria.

Se usaba en ceremonias como matrimonios, funerales o conmemoraciones de guerras en señal de recuerdo. Aún se usa en Australia en ceremonias.

En la edad media se asociaba mucho con las bodas. La novia llevaba una diadema u otro arreglo de romero en la cabeza, y el novio e invitados un ramo de romero. De allí pasó a ser amuleto de amor. Se decía que tocar a una muchacha o muchacho con una rama de romero en flor hacía que se enamorara del atrevido o atrevida.

También se usaba de relleno en las muñecas de trapo para atraer el amor de una persona o para atraer buenas vibraciones y remedio para alguna enfermedad.

Se creía que una ramita de romero bajo la almohada alejaba las pesadillas y malos sueños.... y puesta fuera de la casa alejaba las brujas, por alguna razón se allí se pasó a creer que las casas

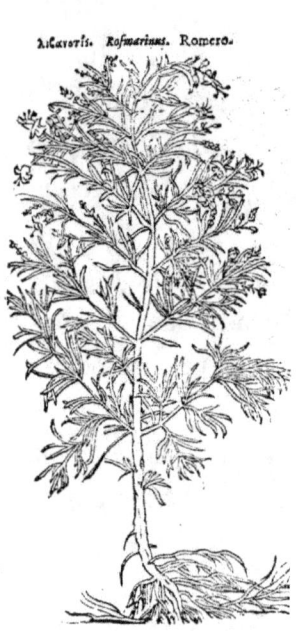

2.Caistis. *Rofmarinus.* Romero.

donde abundaba el romero en las macetas y jardines era casa en que la mujer mandaba, (Tal vez se vería que querían retirar brujas y "zorras") por lo que, en el siglo XVI los hombres acostumbraban cortar manojos de romero de los jardines de la casa para indicar que allí ellos mandaban.

Sin duda, una planta muy útil, muy aromática, y con mucha historia.

HONGOS

**¿Y Los Hongos también curan?
Curan, alimentan, alucinan y
pueden matar.**

Los hongos son fascinantes. Por principio de cuentas, no son ni propiamente vegetal ni propiamente animal, aunque comparten más ADN con los animales que con las plantas. Hay unas 140,000 especies de hongos y la ciencia apenas ha estudiado un 10%. Aún así, algunas de las medicinas más potentes se han encontrado en hongos y podrían cambiar el curso de nuestra vida... y muerte en el planeta.

Entre los beneficios que se pueden lograr de los hongos podemos señalar las siguientes: Mayor longevidad. — Mejor flujo de la sangre. — Regularización del colesterol y del azúcar en la sangre. — Protección del hígado, incluyendo la protección contra efectos nocivos del consumo del alcohol. — Apoyo para el riñón. — Antivirus (incluyendo VIH), anti-bacteriano, y propiedades anti-hongos. — Destrucción de las células de cáncer; mejores resultados para la gente que recibe quimio y la radiación. — Mejora en las enfermedades respiratorias, incluyendo el asma. — Menor riesgo para enfermedad cardíaca, menor agregación plaquetaria y mejor flujo sanguíneo.-

Mayores beneficios para la piel y pelo. — Incremento de función sexual y capacidad física

La gran variedad de hongos va desde tamaños microscópicos a gigantes. El organismo más grande del planeta descubierto es un hongo que se extiende 2,200 acres debajo el antiguo Bosque Nacional Malheur, en Oregon. También es grandísima la variedad de figuras de hongos y hay variedad también en sus propiedades medicinales. He aquí ejemplos:

Shiitake .-Es un hongo popular en la cocina alrededor del mundo. Contiene agentes como el lentinan se ha aislado y utilizado para tratar el cáncer de estómago y otros cánceres debido a sus propiedades antitumorales; Protege al hígado, alivia otras dolencias del estómago (hiperacidez, piedras en la vesícula, úlceras), anemia, ascitis, y el derrame pleural. También tienen efectos antivirales (incluyendo al VIH, el hepatitis, y el resfriado común), anti-bacterianos, y anti-hongos; estabilización del azúcar en la sangre; reducción de la agregación plaquetaria; y reducción de la arterioesclerosis. El shiitake también contiene el eritadenina, que tiene fuertes propiedades que bajan el colesterol.

Reishi.- Se conoce en China, como *"hongo espiritual"*. También se le llama *"el hongo de la Inmortalidad"*- el apodo lo dice todo.

El Reishi ha tenido usos medicinales en Asia por miles de años. Uno de sus compuestos, el ácido ganoderico, ha sido utilizado para tratar el cáncer de pulmón, la leucemia y otros cánceres. Tiene también propiedades anti-bacterianas, antivirales, anti-hongos (incluyendo Candida). - Antiinflamatorio, útil para reducir síntomas de artritis reumatoide. — Incremento del sistema inmunológico. — Normalización de los niveles de colesterol y presión arterial. — Reducción de los síntomas urinarios en hombres, relacionados con la próstata

Hongo Cordyceps.- También llamado *"hongo de la oruga"* es un favorito entre los atletas porque aumenta la energía, la fuerza y la resistencia, y tiene efectos anti-envejecimiento. Tiene una larga historia en la medicina tradicional china y la medicina tibetana. Tiene efectos hipoglicémicos y posibles efectos antidepresivos, protege el hígado y los riñones, aumenta el flujo de la sangre, ayuda a normalizar los niveles de colesterol, y se ha utilizado para tratar la Hepatitis B, y también tiene propiedades antitumorales.

Hay muchos hongos más, como el **Cola de Pavo,** el **Himematsutake**... y la lista sería larga, mejor hablemos del que más conocemos:

Los Champiñones *(Agaricus bisporus)* que es el hongo o seta, como también se les llama a los hongos, más consumido en los países occidentales, pero sin saber los beneficios del champiñón para la salud.

Es usado en dietas, por contener mucha agua, pero el pequeño porcentaje que no es agua de este hongo ofrece beneficios para la salud.

Su elevado contenido de potasio ayuda en los casos de retención de líquidos o incluso de hipertensión arterial.

Tiene vitaminas del grupo B, necesarias para el correcto funcionamiento del sistema nervioso. Aporta zinc y selenio al organismo. No graso, no aporta muchas calorías y es de fácil digestión.

El zinc es necesario para la salud del cabello y de las uñas. Carencia de zinc provoca problemas en la formación y funcionamiento del aparato reproductor, de ahí que los hongos tengan fama de alimento afrodisíaco.

Por su contenido de selenio, los hongos son antioxidantes, ayudan a prevenir enfermedades degenerativas y tumores, además de repercutir en la salud de piel, cabello y uñas.

Tienen un alto contenido de proteínas de alto valor biológico, lo que significa que aportan todos los aminoácidos esenciales.

Estimulan la actividad tanto cerebral como nerviosa, mientras que por su contenido en hierro su consumo es interesante en caso de anemia.

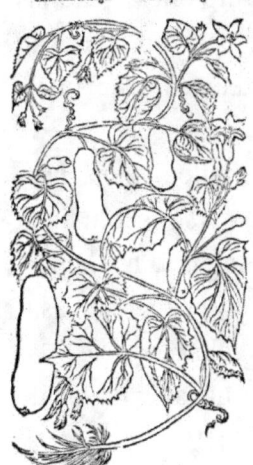

Cucurbita oblonga.   Calabaça luenga.

CALABAZA

El género *Cucurbita* de las calabazas comprende un grupo de especies cultivadas por sus frutos, sus flores y sus semillas comestibles. Las especies pueden ser conocidas como *ayotes* (del Náhuatl ayotli), *chilacayotes, zapallos, calabazas, calabacines, zuccinis, y auyamas.*

Las calabazas comenzaron a cultivarse por primera vez en toda Mesoamérica -en la trilogía milpera que se sigue usando: **maíz-frijol-calabaza**, y en la zona andina, donde se ha encontrado cerámica Mochica con representación del zapallo, calabaza.

En del siglo XVI, se llevó a Europa, Asia y África, pero tardaron en popularizarse; la facilidad de su cultivo llevó a emplearlas como alimento para animales. Actualmente las calabazas se cultivan y se consumen en todo el mundo.

De la calabaza se utilizan las flores, el fruto, hojas, aceite y semillas.

El fruto de la Calabaza es muy conocido por sus propiedades curativas frente a los malestares de vejiga y los cálculos renales. La pulpa de la calabaza se emplea como remedio eficaz para las enfermedades del riñón y el corazón que van acompañadas de hidropesía (retención de líquidos).

Igualmente, la calabaza (la pulpa) tiene propiedades laxantes y depurativas y se recomienda para el tratamiento del estreñimiento, las hemorroides y afecciones estomacales y pancreáticas.

Contiene mucílagos, pocas calorías y casi nada de grasa, lo que la hace adecuada en dietas de adelgazamiento.

Contienen antioxidantes alpha-caroteno y betacaroteno, que se convierten en vitamina A en el cuerpo, y que ayudan a reducir el riesgo de enfermedades cardiovasculares al mismo tiempo que fortalecen el sistema inmunológico. Tiene además propiedades anti-inflamatorias y protege la piel contra daño del sol. Y por su parte, el alfacaroteno retrasa el envejecimiento, previene tumores y mejora la salud de los ojos, pues tiene una sustancia llamada zeaxantina, un antioxidante que ayuda a proteger los ojos contra los efectos nocivos de los rayos UV y ayuda a prevenir la degeneración macular relacionada con la edad.

Se recomienda la calabaza para atender padecimientos, tanto físicos como emocionales, asociados a la menstruación. • Contiene un importante aminoácido, el triptófano, que aumenta la salud general y combate los síntomas de la depresión. El zinc en la calabaza mejora el funcionamiento del sistema inmunológico y también mejora la densidad ósea. • La calabaza es un buen diurético y útil en casos de artritis e inflamaciones articulares, se encarga de ayudarnos a frenar los líquidos que en la mayoría de los casos causan dolor. • Estimula la función del páncreas al regular los niveles de azúcar en sangre. • Ayuda igualmente a eliminar las mucosidades de los pulmones, garganta y bronquios.

Semillas.- Ayudan a desinflamar la próstata e impiden su crecimiento excesivo (hipertrofia). Constituyen un buen remedio contra los parásitos intestinales. Son útiles en el tratamiento de la esterilidad y la impotencia. Se usan como diurético, para tratar la enuresis nocturna en niños y facilitar el paso de la orina, al mismo tiempo de calmar una vejiga irritada. El aceite de semilla de calabaza puede ser tomado internamente (10 gotas 3 veces al día, por 4 semanas) para combatir las infecciones de la vías urinarias, así como para impulsar la salud de los pulmones y las membranas mucosas. • Las semillas de calabaza son Ricas en Omega-3, lo que ayuda, entre otras cosas, a nutrir el sistema nervioso. • Contienen buenas cantidades de fibra y de ácidos grasos monoinsaturados que mejoran la salud cardiovascular. • Ayudan a prevenir la formación de cálculos de oxalato de calcio en los riñones. •

La pulpa de calabaza macerada junto con las hojas se emplea como cataplasma en quemaduras leves. También funcionan cataplasma hechos con las semillas.

Fruto.- La calabaza estimula la regeneración celular. Su contenido en sales minerales, en particular magnesio, estimula la energía celular y mejora la hidratación de la piel. Favorece la absorción de vitaminas. El betacaroteno, precursor de la vitamina A, actúa como bioactivador cutáneo y es indispensable para el correcto metabolismo del organismo, la reparación de los tejidos epidérmicos y la protección frente al estrés oxidativo.

Se pueden colocar compresas elaboradas con el jugo de calabazas y aceite de oliva como remedio para combatir los dolores reumáticos. Las variedades de invierno que tienen cáscara gruesa, son muy dulces y se almacenan bien. La calabaza de verano, por el contrario, tiene una piel muy fina, que puede ser comida.

Para terminar, Los cinco parámetros fundamentales de la sangre: **_urea, colesterol, glucosa en la sangre, lípidos y triglicéridos_** se pueden mantener en orden tomando cien gramos de pedazos de calabaza con todo y cáscara licuados con agua y tomados durante cuatro semanas unos 15 minutos antes del desayuno.

Sin duda que todos hemos saboreado platillos elaborados con calabacitas, flor de calabaza y semillas de calabaza... Ahora ya sabes que a más de buen alimento es buena medicina y un sabroso método de prevenir enfermedades...

¡A comer calabazas!!!...

κολόκυνθα.   *Cucurbita maior.*   Calabaça grande.

BRÓCOLI

El brócoli, llamado por los científicos *Brassica oleracea italica,* pertenece a la familia de las *crucíferas,* junto con la col rizada, la coliflor, la col, el colinabo y las coles de Bruselas. Es una planta similar a la coliflor, aunque tiene menos hojas alrededor. Del latín *brachium* (brazo o rama), brócoli es el plural de la palabra italiana broccolo, que significa *"la cima florida de un repollo"*.

Originario del mediterráneo. El brócoli proviene de los cultivos de coles. Fue creada a partir de otra col por los antiguos etruscos, que se consideraban genios hortícolas.

El antiguo brócoli era comerciado por griegos, fenicios y sicilianos y se extendió por toda la región y finalmente llegó a Roma, cuando se asentó en lo que hoy se conoce como Toscana.

Los romanos lo consideraban un alimento valioso. Las autoridades romanas instaban a sus pobladores a cultivarlo en sus patios y jardines.

Pronto se le encontraron beneficios medicinales a más de los nutritivos. Hipócrates recomendaba para las dolencias estomacales: dátiles, caldo de gallina y brócoli. Se utilizó principalmente para tratar trastornos ginecológicos, para la hidropesía, tétanos y problemas digestivos. También se usaba contra las infecciones de la piel. Galeno prescribió brócoli para tratar una condición médica que fue probablemente el cáncer de colon.

El brócoli tiene un sabor muy peculiar que no a todas las personas agrada; sin embargo, vale la pena consumirlo, pues son muchas y buenas sus propiedades nutritivas. Se puede consumir en ensaladas, pastas, salsas, guisos con verduras, etc. Lo más usado son los racimos de flores de brócoli que se comen como verdura o como medicina antes que los brotes sean flores abiertas. Pero también se pueden utilizar los tallos de brócoli pelándolos, retirando la superficie más dura o fibrosa. Las hojas también son comestibles.

Usos medicinales atribuidos al brócoli.

Es alto en antioxidantes, refuerza las defensas naturales del organismo, puede proporcionar protección al cerebro y cardiovascular. Contiene muchos compuestos anticáncer y anti-helicobacterias. Por lo mismo se recomienda en casos de cáncer, diabetes, enfermedad cardíaca, osteoporosis e hipertensión arterial.

Hervir el brócoli reduce los niveles de compuestos anticancerígenos como el sulforafano, con pérdidas de 20 a 30% después de cinco minutos, 40-50% después de diez minutos y el 77%

después de treinta minutos de cocción. Por lo que se recomiendan otros métodos de preparación como cocer al vapor freír, que no tienen efectos significativos sobre los compuestos.

Una dieta rica en brécol puede reducir el riesgo de ciertos tipos de cáncer. Por ejemplo, un alto consumo de brócoli puede reducir el riesgo de cáncer de próstata agresivo.

Puede ayudar a prevenir las enfermedades cardíacas. Puede proteger los ojos contra la degeneración macular. Por su elevado contenido en agua, poseen efectos diuréticos y depurativos (muy eficaz para sanar el hígado y en casos de artritis).

Debido a su impresionante perfil nutricional que incluye beta caroteno, vitamina C, calcio, fibra, etc. puede impulsar ciertas enzimas que ayudan a desintoxicar el cuerpo.

Ayuda a reducir el colesterol en la sangre. Contiene pectato de calcio que se une a los ácidos biliares, sosteniendo más colesterol en el hígado y la liberación de menos en el torrente sanguíneo.

Puede ser eficaz en la prevención de la diabetes.

Favorece una mejor función de la próstata y de la calidad del esperma.

Ayuda para personas que necesiten gran aporte de ácido fólico y hierro como embarazadas, convalecientes, personas anémicas, etc.

Útil en casos de depresión crónica y los síntomas emocionales asociados a la menstruación, y para prevenir y tratar el mal de Parkinson.

Eficaz durante la menopausia. Aporta calcio.

Adecuado en casos de estreñimiento por su buen aporte de fibra.

Favorece el buen estado de la piel y de las mucosas ya que contiene antioxidantes como Betacaroteno, Selenio, Sod (Superóxido dismutasa), vitamina C y Zinc.

El brócoli se destaca por prevenir la anemia.

Protege contra el cáncer de colon, boca, ovario, mama, próstata, pulmón.   Se dice también que si el cáncer ya existe, el brócoli ayuda a prevenir que el cáncer se vuelva más agresivo.

RESUMIENDO.- Ayuda a reducir las infecciones infantiles • Reduce el riesgo de cáncer • Asiste en la desintoxicación del organismo• Fortalece la salud de los ojos • Ayuda a retrasar el proceso de envejecimiento• Fortalece la salud cardiovascular y baja el colesterol. • Previene la osteoartritis • Reduce la inflamación• Fortalece la salud de los huesos• Ayuda en el control de la diabetes • El jugo natural de brócoli es bueno contra la diarrea.

Cuide su salud, coma Brócoli

SAUCO

Sambucus nigra, mejor conocido como **Sauco** en español y **Elderberry** en inglés, es una planta cuyos poderes medicinales son conocidos desde la Edad de Piedra, además se le atribuyeron propiedades mágicas y religiosas. Existen recetas del antiguo Egipto con medicinas basadas en los frutos del sauco que desde hace siglos se han usado para tratar resfriados, gripes, fiebres, quemaduras o cortes, y unas 70 enfermedades más, lo que hace que se le llame al sauco *"Una planta para la salud completa"*.

El Sauco es originario de Europa. Los españoles lo llevaron y propagaron por América, en donde se estableció en diferentes zonas. Son árboles pequeños como arbustos, sus tallos son huecos y frágiles, dan pequeñas flores de color blanco seguidas por grupos de bayas de color negro azulado.

Entre sus numerosas propiedades, esta planta contiene aceites esenciales, taninos, azúcar, flavonoides, carotenos, abundante vitamina A, B y C, potasio, calcio y hierro.

Actúa como diurético, antiinflamatorio, anti-catarral, antiviral, antioxidante y hasta es usado para productos de belleza.

Un té caliente de flores de Sauco con miel es excelente para el resfriado, gripas y fiebres, así como para suavizar la garganta. Por sus propiedades sudoríficas, estimula la sudoración, libera calor y el organismo se refresca.

Las bayas o moras maduras del sauco contienen mucha vitamina C y son potentes antioxidantes, se puede tomar un jarabe o extracto de bayas de Sauco para combatir infecciones y acelerar la recuperación. Son ideales para la época fría del año; consumirlas aumenta la resistencia a las gripes y resfriados y previenen infecciones, dolor de garganta y tos. Además, la flor de Sauco puede secar y tonificar las mucosas de la nariz y la garganta, reduciendo los estornudos, la picazón y el goteo nasal.

Analgésico.- La flor del Sauco y sus bayas (moras) tienen propiedades analgésicas, si las flores se hierven a fuego lento, el cocimiento se puede usar para reducir las molestias de la artritis, reumatismo y otros problemas de articulaciones. También, es útil para el tratamiento de enfermedades de encías, como la gingivitis y hasta la inflamación de garganta puede disminuir haciendo gárgaras o enjuagues.

Belleza.- Un simple té de flores del Sauco sirve como acondicionador de la piel, para tonificar y rejuvenecer los tejidos. También ayuda a eliminar manchas en el rostro y acné. El sauco es un ingrediente que se encuentra con frecuencia en cremas de tratamientos de belleza.

Alergias.- Para alergias se recomienda hacerse vaporizaciones con sus flores, o beber un té de éstas. Las compresas con el té también alivian irritaciones en la piel y ojos.

Diurético.- La corteza del Sauco posee efectos diuréticos, se recomienda su consumo en casos de gota, retención de líquidos, inflamación de las vías urinarias o edemas.

Depurador de la sangre.- Tiene efectos benéficos para problemas de la piel como eccemas y dermatitis. También se usa en compresas para hematomas, contusiones y torceduras. Es eficaz para las hemorragias nasales.

Precauciones.- Las bayas crudas del Sauco pueden contener toxinas, sólo consuma bayas maduras del Sauco, y mejor después de cocinarlas.

No se debe confundir con el Sauquillo o Yezgo (Sambucus Eubulus), con frutos de apariencia similar, pero venenosos.

El Sauco se ha utilizado desde hace miles de años como alimento, medicina, como planta de jardín, para teñir el cabello, para teñir telas y hasta para fabricar instrumentos, el nombre científico del Sauco, *Sambucus* viene del griego *"Sambuké"* que significa flauta.

El árbol siempre estuvo ligado a la magia. Los druidas Celtas lo consideraban como morada de elfos, si una persona maltrataba un Sauco podría esperar la venganza de los elfos con enfermedades para él o su familia.

Algunas leyendas europeas aseguraban que debajo de cada Sauco vivía una anciana a la cual debía pedirse permiso para cortar el árbol. También se creía que los niños no podían dormir en cunas hechas con madera de Sauco.

En la península Ibérica, El sauco tuvo muchas aplicaciones mágicas, en Galicia se pasaban ramas de Sauco por los lomos del ganado cuando se consideraba que tenían *"mal de ojo"*. También se llevaba una rama de Sauco en el bolsillo para liberarse de todo tipo de influencias negativas.

En la antigua Inglaterra se dice que los magos usaban varitas de Sauco para ser invisibles ante cualquier otro mago. La autora de los libros de Harry Potter, JK Rowling, recurre a la leyenda y es con madera de Sauco que se elabora la varita letal, o varita del destino, considerada la más poderosa del mundo en este relato.

En Inglés al Sauco se lo denomina *"Elder-berry"* *elder* significa adulto mayor, anciano, líder o sabio... y es que El Sauco es una planta muy benéfica y que merece el respeto que debemos a los sabios.......¡Aprovéchala!.........

PIÑA
Sabrosa y saludable

Piña es una planta tropical, también conocida como ananá, nativa de América del Sur, pero actualmente se cultiva en zonas tropicales alrededor del mundo entero, siendo Hawái el mayor productor.

La piña es una planta terrestre que suele alcanzar un metro de altura, tiene tallos cortos y pecíolos ensanchados e imbricados entre sí de modo que forman una especie de depósito de agua en la base de la planta. Las hojas son unas vainas o láminas dispuestas en espiral, por lo general en capas y tienen la función de captar agua que almacenan como reserva.

La Piña es muy apreciada como alimento por el fruto dulce y jugoso que produce, al grado que hoy en día es el segundo cultivo tropical por volumen, después del Plátano.

BENEFICIOS DE LA PIÑA.- La mayor parte de los beneficios de la piña se debe a la presencia de una enzima llamada ***bromelina.*** Esta enzima ayuda, entre otras muchas cosas, a mejorar la digestión y a destruir los parásitos intestinales y por ser buena para curar y prevenir inflamaciones, es por lo que podría ser útil en el tratamiento de las enfermedades que conllevan inflamación como sinusitis aguda, dolor de garganta, artritis o gota.

Esta enzima presente en la piña también actúa como un anticoagulante natural, además de provocar cambios benéficos en los glóbulos blancos de la sangre.

La piña es famosa por sus cualidades diuréticas y como adelgazante, ya que se cree que ayuda a disolver las grasas del cuerpo. Además, su fibra combate el estreñimiento y sus nutrientes elevan las defensas, especialmente en contra de enfermedades características del verano.... *Disminuye el colesterol y sacia el apetito, combate la obesidad y puede ser un aliado en la prevención de diversos tipos de cáncer.*

Bronquitis: Tomando jugo de piña con frecuencia se acelera la curación de la bronquitis.

Tos: Picar unos 100 g de piña con corazón y pulpa, poner a hervir durante cinco minutos con miel de caña o de abejas. Se debe dejar enfriar un poco y tomar este preparado tibio varias veces al día y antes de ir a la cama.

Garganta: Para aliviar las molestias de la garganta se recomienda hacer gárgaras con el jugo de la Piña. Beber el jugo de la piña suele ser también de gran ayuda.

Piel: Para limpiar y tonificar la piel de la cara, aplicar sobre el rostro jugo de piña.

Tratar los ronquidos.- Uno de los efectos de la piña es que ayuda a combatir los ronquidos. Un poco de piña en la tarde relaja las vías respiratorias y combate la inflamación que produce los ronquidos o incluso puede beneficiar en casos de apnea.

Infección de las vías urinarias.- Junto con los arándanos, la piña es uno de los tratamientos naturales para la cistitis. Puede servir como complemento de un tratamiento médico para mejorar su funcionamiento y apurar la mejoría, o se puede probar sola en casos de malestar moderado o leve. Se cree que ayuda a crear un ambiente hostil en la vejiga y la uretra para combatir microorganismos.

Retención de líquidos.- En particular el jugo de piña es bueno para aliviar la retención de líquidos. Contrario a lo que muchas personas creen, aumentar el consumo de líquidos es la mejor estrategia para combatir edema, hinchazón y otros signos de retención. La piña con sus cualidades diuréticas ayuda a mitigar este padecimiento.

Para las embarazadas, es mejor no abusar de la piña, ya que se ignora si en exceso, su enzima pueda tener efectos adversos durante el embarazo. Siéntete libre de comer piña, pero hazlo con moderación y, de preferencia, sólo en temporada.

Combate la depresión.- Debido a sus propiedades relajantes, la piña puede ayudar a reducir el estrés y aliviar la tensión, por lo que se le atribuyen cualidades para combatir la depresión.

Estreñimiento.- Al ser rica en fibra, es bueno incluirla en la dieta en casos de estreñimiento. Además, contiene mucha agua y es baja en calorías, por lo que saciará tu apetito y así evitará que consumas alimentos que puedan afectar tu tracto digestivo.

Para borrar las ojeras.- *(Hasta para eso sirve la piña).* Las ojeras son un problema complejo que podemos ocultar o aliviar temporalmente con relativa facilidad, pero que revelan el estado de nuestro organismo y son síntoma de que necesitamos un descanso. No ignores tus ojeras, porque están ahí para avisarte que debes cuidarte, antes de que aparezcan síntomas más graves. Como tienen que ver con la circulación de líquidos en el cuerpo, la piña y otros diuréticos pueden ayudar a aliviarlas a largo plazo.

La piña no solo es buena medicina, es ¡Sabrosa! Si no la consumes para curarte, cómela por gusto, te pondrá de buen humor y eso trae buena salud... o al revés... ¡Provecho!

CACAO

Muchos lo único que sabemos del cacao es que sirve para hacer chocolates, pero hay mucho más qué saber de esta planta y estos granos que hasta se usaban como moneda entre los antiguos mexicanos.

La planta de cacao es originaria de las zonas tropicales del continente americano, creciendo de manera silvestre desde México hasta Paraguay, pero por sus múltiples usos, hoy es cultivado en diferentes lugares de mundo, desde África Occidental hasta las islas de Java.

El cacao es un árbol de tallo erecto y ramificado que alcanza hasta 9 m de altura. El fruto es una baya grande (también llamado mazorca), ovoidea, de unos 25 cm de largo por 15 cm de ancho, de color pardo o rojizo cuando está maduro. Tiene una corteza rugosa de casi 4 cm de espesor, está rellena de una pulpa rosada viscosa, dulce y comestible, que encierra de 30 a 50 granos largos (blancos y carnosos) acomodados en filas. Los granos, almendras o habas del cacao tienen la forma de los frijoles: dos partes y un germen rodeados de una envoltura rica en tanino. Su sabor en bruto, o natural, es muy amargo y astringente.

"Cacao" viene del maya *Ka'kaw*, frase relacionada con el *fuego* (kakh) escondido en sus

almendras. El cacao simboliza para los mayas vigor físico y longevidad.

El nombre científico en griego es ***Theobroma*** y significa "alimento de los dioses".

El Chocolate, nombre de la bebida que se prepara con el cacao, se le llamaba ***Chocolhaa*** o agua (haa) amarga (chocol). En nahuatl: ***xocolatl.*** Entre los mayas y aztecas el chocolate se usaba tanto como estimulante como por sus efectos calmantes. Los guerreros lo consumían como una bebida reconstituyente y la manteca de cacao era usada como ungüento para curar heridas. Sabían que una taza de xocolatl eliminaba el cansancio y estimulaba las capacidades psíquicas y mentales. Para los aztecas el xocolatl era una fuente de sabiduría espiritual, energía corporal y potencia sexual.

Los granos de cacao se usaban como moneda: con cuatro granos se podía comprar un conejo; con 10, la compañía de una dama; y con 100, un esclavo, pero al parecer sólo se usaban como moneda para pequeñas compras.

CACAO MEDICINAL.- En la medicina popular al cacao se le atribuyen propiedades para combatir las infecciones intestinales, diarreas y para disminuir las secreciones. Se usa también para regular la tiroides y como un estimulante suave. Entiéndase que aquí no hablamos del chocolate confeccionado con azúcar y leche que pierde muchas de las propiedades del caco.

La cáscara de la semilla de Cacao es usada para afecciones hepáticas, de la vejiga y los riñones y en la diabetes. También se usa como tónico general y como astringente en las diarreas por su alto contenido de taninos.

El cocimiento de semillas y hojas de Cacao se usa para tratar asma, debilidad, diarrea, fracturas, inapetencia, malaria, parasitismo, pulmonía, tos, cólico y envenenamiento.

La manteca de cacao se usa para tratar heridas, afecciones dérmicas, quemaduras, labio rajado, fatiga.

Las hojas tiernas se usan para desinfectar heridas.

Los primeros exploradores que entraron en contacto con el cacao, documentaron propiedades medicinales del cacao para aliviar fiebre, anemia, falta de apetito, fatiga mental y pobre producción de leche materna, así como tuberculosis, gota, cálculos renales y baja virilidad.

Este delicioso grano era famoso para sanar el sistema nervioso y mejora la digestión y eliminación.

OTROS BENEFICIOS DEL CACAO.- ***A nivel digestivo y nervioso:*** La *teobromina*, uno de los alcaloides más abundantes en el cacao, posee una acción ligeramente diurética y broncodi-

latadora la cual, a pesar de no ser lo suficientemente potente, es recomendada para complementar otro tipo de tratamientos para problemas respiratorios o urinarios. Por otra parte, el cacao es
utilizado para la convalecencia o en los casos de
fatiga, pues suele ser muy nutritivo y estimulante.

Otros usos: El polvo resultante de la semilla
desecada, tostada y molida es utilizado como la
base del chocolate.

En la actualidad, numerosos estudios confir-
man que el chocolate ayuda a aliviar el estrés
emocional. Otro estudio encontró que los flava-
noles del cacao mejoran la función cognitiva.

La masa de cacao también contiene potasio,
fósforo, cobre, hierro, zinc y magnesio que con-
tribuyen a la salud cardiovascular.

... Y apenas tocamos el tema, espero que
haya quedado en claro que el cacao encierra muchos beneficios que podemos aprovechar más...

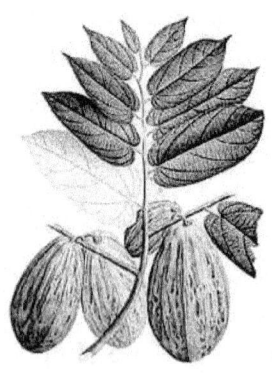

ALFALFA

CUANDO oímos la palabra alfalfa se inmediato pesamos en forraje para animales para el ganado o los conejos. Cuando mucho recordaremos el agua fresca que se hace con alfalfa, pero pocos la aprovechan y consumen sabiendo que se trata de un alimento muy completo, sano y de gran ayuda para prevenir y mejorar muchas dolencias.

La palabra alfalfa proviene del árabe y significa "padre de todos los padres". Pertenece a la familia de las *leguminosas* y, dentro de ella, al grupo de las *papilionaceas.* Es una planta agreste. Resistente a las sequías. Posee un tallo largo y ramoso, que se sumerge bajo tierra y que alcanza una altura de 70 cm.

Las flores son pequeñas, amarillas y violetas, y se reúnen en manojos. Los frutos tienen el aspecto de pequeños caracoles.

Cuando está cubierta de flores, tiene un hermoso aspecto, por eso se utiliza también como planta ornamental.

Es un alimento natural, que proporciona gran cantidad de nutrientes en un equilibrio casi perfecto, tal vez por eso es fácil de digerir y asimilar.

Proteínas y aminoácidos. Es uno de los pocos vegetales que posee los 22 aminoácidos esenciales que nuestro cuerpo utiliza para formar *Todas las proteínas que necesita*. Contiene entre 20 y 25% de estos compuestos.

Vitaminas.- Posee todo el complejo de vitaminas B. Es fuentes importante de vitamina K, indispensable para los procesos de coagulación de la sangre. Tiene la poco común vitamina U, que protege la mucosa digestiva y es muy útil para gastritis y úlceras gastroduodenales.

Minerales.- Contiene sodio, potasio, hierro, calcio, cobalto, azufre, fósforo, magnesio, manganeso, cloro y boro. Se trata de minerales alcalinos, sin efecto nocivos sobre el intestino.

Enzimas.- Se trata de sustancias que intervienen para facilitar y mejorar el proceso de digestión. Están presentes la *lipasa*, que ayuda en la digestión de las grasas; la *coagulasa*, que coagula la leche; la *proteasa* para digerir las proteínas, y varias otras que actúan sobre los azúcares.

Otros elementos.- La alfalfa también contiene clorofila, rutina, ácidos grasos no saturados y saponinas, otros ácidos digestivos, polisacáridos y fibras.

Además de su valor alimenticio, la alfalfa ayuda a prevenir y curar numerosas dolencias. Por su riqueza en vitaminas está indicada contra el escorbuto y el raquitismo. Sus enzimas ayudan al proceso digestivo y en afecciones hepáticas. Los ácidos grasos no saturados, las saponinas y las fibras son efectivas para reducir el colesterol. Las fibras también ayudan a un mejor funcionamiento intestinal. La vitamina U y la *rutina* protegen contra la gastritis y las úlceras, incluso úlceras sangrantes. La vitamina K ayuda contra la propensión a las hemorragias. La clorofila y sus múltiples minerales actúan para contrarrestar la anemia.

Es, además, uno de los alimentos indicados para prevenir y combatir la artritis, ya que los ácidos que posee impiden la acumulación de los ácidos nocivos que originan esa enfermedad.

Cómo consumirla.- La alfalfa puede consumirse de diversas formas. Si es posible conseguir la planta se puede incorporar a la preparación de jugos de verduras y de fruta. Las flores se utilizan para preparar infusiones reconstituyentes y que contrarresten la acidez digestiva. El germen se consigue en casas de productos naturales y puede incorporarse a muchas comidas.

Finalmente, también se venden tabletas o comprimidos en farmacias y comercios especializados. En este caso aconsejamos que se trate de una marca reconocida y que conste que la alfalfa es cultivada de manera natural, sin empleo de plaguicidas o herbicidas.

Un poco de historia.- La alfalfa es una leguminosa perenne, de origen asiático. De allí fue llevada primero a Grecia, luego a Europa Central y, finalmente, se difundió al resto de Europa y América. Desde la Antigüedad, se utiliza como planta forrajera para alimentar ganado, y éste fue el principal motivo de su difusión.

Así le dicen.- El nombre científico de la alfalfa varía según la especie, ya que se conocen más de 30. La especie más usual es la *Mendicago sativa*. Otras muy difundidas, son la *Mendicago falçata* (apta para tierras pedregosas) *Mendicago lupulina* se da en terrenos áridos y la *Mendicago arbórea* que se da en climas templados. Muy usada como forraje. En Inglés se la llama *lucerne,* en francés *luzerne* en italiano *erba médica* y en portugués *alfalfa luzerna.*

Agua de Alfalfa.- La única forma en que se consumía la alfalfa era en aguas fresca. Hay varias recetas y algunas incluyen limón. La forma sencilla era machacar alfalfa, agregarle agua y azúcar y ¡listo! Muy fresca y saludable

MEZQUITE

El mezquite es uno de los árboles que más abundan en el continente americano. Su región geográfica se extiende desde Nuevo México y California hasta los Andes chilenos. Su nombre se deriva del náhuatl: *"Mizquitl,"* que significaría vaina, (*izquitl,* granos, esquite). Recibe diferentes nombres, pero el oficial de los botanistas es *"prosopis jaliflora"* para la especie más común, pues hay varias especies del mismo género. Pertenece a la importante familia de las leguminosas, las vainas son una legumbre.

Los antiguos pobladores de México utilizaban el mezquite en la medicina usando las cortezas y las yemas de ese árbol. Los indios chichimecas hacían con los frutos del mezquite unos *"tamales"* de forma cónica que usaban como pan. Los pueblos cazadores-recolectores, casi todos ellos nómadas, utilizaron al mezquite principalmente como alimento de ganado, combustible (leña), para sombra, para la elaboración de juguetes y utensilios y como planta medicinal.

Se siguen aprovechando esta planta, pero no debidamente, porque da mucho más. Aquí enumeraremos algunas de las aplicaciones de tan importante planta.

Como alimento.- Las vainas de mezquite, ricas en proteínas y nutrientes, pueden ser el ingrediente de distinto platillos como sopes, empanadas, panecillos, gorditas y atole, entre otros alimentos que se pueden hacer con la harina resultante de moler las vainas del mezquite, que antes se molían en morteros de piedras, en le metate o en cavidades del tronco de los mismos árboles, y de la pulpa machacada se lograba la harina.

Las vainas contienen considerables cantidades de minerales, vitamina y abundante fibra, muy benéficas para las personas que padecen diabetes.

Para conseguir la harina de vainas de mezquite.- Se lavan las vainas y se dejan secar al sol por unos cuatro días, hasta que estén quebradizas. Luego se pulverizan en la licuadora o procesador. Un ruido seco indica que se han secado lo suficiente. Molerlas hasta que se obtenga una consistencia similar a la de la harina. Esta harina de vainas de mezquite es muy nutritiva. Contiene lisina, un aminoácido que se encuentra poco en otros granos. También es fuente de calcio, manganeso, hierro y zinc.

El pericarpio grueso y esponjoso de las vainas tiene alto contenido de azúcares (41 por ciento) y las semillas contienen grandes cantidades de proteínas (31 por ciento). Por eso, de niños masticábamos las vainas de mezquite, por dulces. Lo que no sabíamos es que, a pesar de su alto contenido de fructosa, tanto las vainas masticadas como los alimentos preparados con la harina de mezquite tienden a estabilizar los niveles de azúcar en sangre, según investigaciones recientes.

Leche de mezquite.- La harina de mezquite se puede mezclar con leche de vaca o de soya, un cuarto de litro por cuatro cucharaditas de harina de mezquite. Calentar. Si se desea, se le puede agregar una cucharadita de miel. Buen alimento para los niños y ancianos, sobre todo.

En algunas partes se muelen las vainas de mezquite tostadas para preparar una bebida parecida al café.

Otros beneficios del mezquite.- Las flores de mezquite atraen a las abejas y la miel de flores de mezquite es apreciada por los conocedores.

Las raíces en los terrenos secos llegan a tener hasta 60 pies de longitud y los campesinos siguen la dirección de ellas para hacer pozos, pues se dirigen a capas en donde se encuentra el agua.

La madera es compacta y de grano fino; no se apolilla fácilmente, lo que le da un gran valor como madera de construcción, artesanías y duela para pisos: además resiste muy bien la intemperie y su dureza hace que se le emplee en la maquinaria; da muy buen carbón; también contiene bastante tanino para aprovecharse para curtir pieles.

Medicinal.- Partes utilizadas: La goma, los brotes y el fruto. Contra problemas bucales y de garganta; contra la disentería; desinflama los ojos.

Usos: Contra problemas bucales y de garganta: hacer buches y gárgaras con la goma puesta en agua hervida. Contra la disentería: se prepara un té de las hojas y se toman tres tazas al día, la primera en ayunas. Para bajar la inflamación en los ojos: se hace un cocimiento con los brotes u hojas, lavarse y ponerse fomentos sobre los párpados.

La cáscara interna masticada y tragando la saliva para el cólico intestinal. La cáscara externa seca se cuece en 1 litro de agua tomándola para cualquier clase de ponzoña. Las ramitas verdes se refriegan en agua y se toma como agua de uso para la fiebre, (se puede agregar un poco de sal) o se usa para la irritación del ojo echándole unas gotas. El azufre (goma) que le escurre al palo de mezquite se unta en el ombligo de los niños que se orinan en la noche.

Muchas otras cosas se pueden decir del mezquite... Baste decir que es muy útil y no se ha aprovechado... puede que sea hasta afrodisiaco, pues se cuenta que los burros al comer mezquite se ponen muy rijosos.

Figura en las canciones del folklore mexicano... *"en lo alto de un verde... etc*

EPAZOTE

Chenopodium ambrosioides o Dysphania ambrosioides, es el nombre científico de la planta conocida comúnmente como **epazote** o **paico** en países latinoamericanos. Es una planta aromática, la palabra náhuatl **epazotl** significa precisamente *yerba olorosa*.

Se ha usado desde la antigüedad como condimento y como planta medicinal en México y muchos otros países de Iberoamérica: Argentina, Bolivia, Chile, Colombia, Ecuador, El Salvador, Paraguay, Perú, y en el sur de los Estados Unidos.

Herbácea que mide hasta 1 m de altura. Posee tallos ramificados y hojas alargadas con bordes curveados e irregulares. Sus flores nacen en racimos y dan semillas negras.

En la cicina mexicana se usa en muchos platillos, como los elotes y esquites, los frijoles, especialmente con los frijoles negros, el chileatole, ciertas variedades de quesadillas, y algunos tipos de tamales, así como en caldos, sopas, salsas y moles.

Se cree que el epazote fue introducido en Europa en 1577 por el naturista Francisco Hernández, quien fuera médico del rey Felipe II. De él proviene la primera mención que se conoce en el Viejo Mundo sobre el *epazotl*, y donde también se citan por primera vez las virtudes medicinales que le otorgaban los nativos de México.

Propiedades medicinales.- Aunque como condimento el epazote es utilizado más en el centro de México, en casi todo el país se usa para tratar diversos dolores estomacales, cólicos y parásitos intestinales. También se usa en otros padecimientos como diarrea, vómito, dolor de estómago, adelgazamiento e inapetencia.

Alivia algunos trastornos menstruales tales como los cólicos, retraso del período y fluido escaso, para lo cual se emplea solo o con ruda, y con otras hierbas o con cabellos de elote. Recientemente se ha hablado de que ayuda en el tratamiento de la diabetes, y que puede curar algunos cánceres y cirrosis hepática. Por otro lado, se recomienda en casos de esterilidad y para aumentar la cantidad de leche en el período de lactancia.

Se dice que es eficaz contra la picadura de insectos ponzoñosos y las verrugas, usado machacado en emplasto, sea solo o con tabaco.

Comúnmente se cree que previene la flatulencia causada por el consumo de ciertos alimentos. También se utiliza en tratamientos de amenorrea, dismenorrea, malaria, histeria, catarros y asma.

No se recomienda durante el embarazo o si hay insuficiencia renal. Todo el tiempo es recomendable informarse antes de usar una planta para tomar las dosis debidas, porque muchas plantas en exceso pueden hacer más daño que bien.

Modos de empleo.- Para combatir la diarrea se mezclan el epazote con la manzanilla, utilizando las ramas en infusión, a ésta se le puede agregar hojas de yerbabuena, ramas de muitle, té negro, y orégano, se hace una té con estas plantas y se toma una taza tres veces al día durante dos o tres días.

Para combatir la disentería con moco y la disentería *blarney* es común mezclar hojas de epazote con ramas de manzanilla; se prepara un té y se toma como agua de uso durante dos día o más si es necesario.

Con el epazote se pueden hacer muchas combinaciones útiles en las enfermedades que con él se curan, por ejemplo, contra las lombrices y parásitos intestinales se puede mezclar el epazote con hojas de yerbabuena, guayaba o ramas de estafiate; se preparan un té y se toma una taza en ayunas durante siete o nueve días. Otra combinación es con la raíz o las ramas de epazote y las hojas de papaya; se hace un té y se toma una taza en ayunas por siete o nueve días. O se pueden mezclar las hojas de epazote con ajo y tomarse en té o licuado por nueve días. Se descansan siete y se vuelve a tomar por otros nueve días. Estas combinaciones son buenas para combatir amibas y otros parásitos.

Contra las amibas se usan las hojas de epazote con agua de coco en infusión o licuado y se toma un vaso en ayunas durante siete días. El jugo de cuatro limones y las hojas de epazote se pueden tomar de la misma forma contra las lombrices. Contra esos padecimientos se pueden mezclar también las ramas o las hojas de epazote con hierbabuena y semillas de calabaza, se licúan con leche o agua, se cuela y se toma un vaso durante nueve días en ayunas. También son buenas las simples hojas de epazote comidas en ayunas como tres veces al día durante siete días.

Una creencia popular indicaba preparar el té de epazote sin que el paciente esté presente, pues se dice que *"las lombrices huelen el medicamento y ya no salen"*.

Los tarahumaras consideran que los tés concentrados de epazote pueden ser peligrosos y deben ser usados únicamente para casos severos de infección por lombrices, cuando no hayan sido eficaces otros tratamientos con hierbas.

TOMILLO

El tomillo no faltaba nunca entre los condimentos naturales con que las madres y abuelas preparaban sus deliciosas comidas... Pero si sus cualidades como condimento son bien conocidas, no se conocen muchas virtudes curativas para diversas dolencias que también tiene.

Existen más de cien variedades de tomillo. Se utilizan sus hojas y sus ramas frescas o secas.

Su nombre científico es **Thymus vulgaris.** En inglés se llana *garden thyme;* en francés *Thym cultivé*; en italiano, *timo* y en portugués *tomilho* o *timo*.

Después de cierto tiempo, la planta pierde su aroma, por lo que conviene sustituirlo o dividirlo cada tres o cuatro años. Se cosecha en verano, durante la floración.

Una vez cosechados, los tallos con hojas deben extenderse para secarlos en un lugar oscuro y a temperaturas no muy altas. Después deben de conservarse en recipiente opacos, sin exponerse a la luz del sol.

***Propiedades.*-** Además de sus propiedades aromáticas y de usarse mucho como condimento, también es estimulante, antiséptico y microbicida. Alivia espasmos musculares y es buen expectorante. Ayuda a expulsar lombrices y parásitos. Es benéfico para la dispepsia y problemas digestivos. En usos externos, ayuda en picaduras y mordeduras, y actúa contra irritaciones, alergias y hongos. Se lo emplea contra dolores reumáticos y de ciática. Su aceite esencial, solo o combinado, se emplea en masajes para afecciones respiratorias. Algunos estudios recientes sugieren que tiene efectos contra el envejecimiento y la pérdida de la capacidad intelectual.

Infusión general.- Hervir una taza de agua y dejar en infusión dos cucharaditas de hojas de tomillo, durante cinco minutos, filtrar y beber después de las comidas principales. Tiene efecto digestivo y alivia la dispepsia. Para resfríos y catarros leves, beber 50 ml (una copita) tres veces al día.

Decocción anti lombrices.- Hervir 4 g de tomillo, 20 gramos de aceite de almendras y una yema de huevo con media taza de agua, durante un minuto. Dejar enfriar un poco, filtrar y usar como lavativa.

Para curar el mal aliento.- Mezclar medio litro de agua destilada, 0.5g de aceite esencial de tomillo (timol) y 4 g de borato de sodio. Usar el líquido para realizar gárgaras frecuentes.

Infusión de uso externo.- Hervir una taza de agua y preparar una infusión con un puñadito de hojas de tomillo. Entibiar y usar para lavados locales de heridas, llagas, aftas, sarna y problemas de hongos o alergias de la piel.

Aceite esencial.- Puede comprarse en farmacias u obtenerse por destilación del jugo. Bien diluido puede emplearse como la infusión de uso externo.

Baños.- Hervir 100 g de hojas de tomillo en dos litros de agua. Filtrar la decocción y agregarla al agua caliente necesaria para un baño de inmersión. Tiene efecto estimulante y tónico. Es especialmente recomendable para niños débiles. También puede usarse para baños de pies cansados. Además, alivia irritaciones de la piel.

Para dolor de garganta.- Masticar un puñado de hojas frescas de tomillo alivia el dolor y las afecciones de garganta, como anginas.

El tomillo machacado y mezclado con aguardiente puede usarse para los dolores de dientes haciendo buches con la mezcla.

Combinado con Eucalipto.- Mezclar 5 gotas de aceite esencial de tomillo, 5 gotas de jugo de eucalipto con dos cucharadas de aceite de oliva. Masajear bien sobre pecho y espalda, dos veces diarias. La mezcla puede calentarse un poco antes de aplicarse. Tiene amplios efectos expectorantes en casos de tos seca y bronquitis.

Historia.- Se cree que el nombre del tomillo le viene del griego *thymon,* que significa "fumigación" ya que era empleado como incienso para perfumar los templos. En el imperio romano, simbolizaba el coraje, y los soldados lo agregaban al agua del baño para adquirir valor. Los egipcios lo usaban en el proceso de momificación. Siempre se creyó que era fuente de coraje y valor. En la edad Media, las señoras bordaban un simbólico ramito de tomillo y una abeja en las bufandas, que daban como regalo a los caballeros más valientes y formaba parte del paquete de hierbas que los nobles usaban para prevenir enfermedades y pestes.

Dioscórides, (médico griego del siglo primero de nuestra era) dice del tomillo lo siguiente: "*.....tiene la virtud, bebido con sal y vinagre, de expulsar vientre abajo flemas y similares. Su decocción con miel ayuda a los que padecen de ortopnea y jadeos. Expulsa los gusanos. Los menstruos y las secundinas y los fetos (esto no aparece en algunas traducciones) Es también diurético. Mezclado con miel en electuario provoca expectoraciones. En cataplasma con vinagre, disipa las inflamaciones recientes, deshace los coágulos de sangre, quita forúnculos y verrugas pensiles. Conviene a los que sufren de ciática, aplicado directamente con vino y harina de cebada. Beneficia a los que tienen ambliopía co-*

mido como alimento. Es muy útil como condi-
mento también su uso, estando sano".

Thymus. Tomillo falfero.

DIENTE DE LEÓN

Un libro del siglo XVI decía: "los magos dicen que si una persona se frota a sí misma con "diente de león" será bienvenido en todas partes y tendrá lo que desee".

DIENTE DE LEON *Taraxacunn officinale*

Se le denomina también *Taraxacón, Achicoria amarga, Amargón, Hocico de puerco y Pelosilla* (cuando tiene el fruto ya hecho). El Diente de león, que en los céspedes suele ser una hierba que estorba y muy molesta, en realidad ha sido y es una planta medicinal de gran valor para la humanidad.

Se cría en los prados y todos los lugares herbosos y florece casi todo el año. La planta rehuye los suelos demasiado húmedos.

Sus dos virtudes más destacadas son las de curar las afecciones de la bilis y las enfermedades del hígado.

Las hojas se recolectan antes de la floración, las raíces en primavera u otoño, los bohordos (tallos) durante la floración. Toda la planta es medicinal.

Algunas personas acostumbran comer toda la planta en ensaladas, se puede combinar con papas hervidas y acompañada con huevos duros.

El Diente de león es un estimulante poderoso del hígado. Comiendo unos 5 o 6 bohordos (flores) recién recogidos y crudos ayudan contra la hepatitis crónica.

También combaten la diabetes. Los diabéticos deben comer cada día unos 10 de esos rabillos de la planta en flor. Simplemente se les quita la flor, se lavan los tallos y se mastican lentamente. Al principio saben un poco amargos, pero son muy tiernos y jugosos. Son buenos para esas personas enfermizas que se sienten siempre decaídas y cansadas, podrían someterse a una cura de 15 días a base de tallos frescos de Diente de león. Se quedarían sorprendidas del buen resultado que dan.

Pero estos bohordos o tallos curan también otros males. Por ejemplo quitan los picores, y las erupciones de la piel, mejoran los jugos gástricos y depuran el estómago. Asimismo eliminan los cálculos biliares, sin causar dolores, y estimulan la actividad del hígado y de la bilis.

El diente de león contiene también sales minerales y sustancias curativas y reconstituyentes, imprescindibles para curar las enfermedades metabólicas.

Gracias a sus cualidades depurativas de la sangre, es un remedio indicado contra la gota y el reuma; la hinchazón de las glándulas desaparece.

El diente de león es bueno contra la ictericia y el mal del bazo.

Las raíces del Diente de león, que se comen crudas o se utilizan desecadas para infusiones, actúan de purificante de la sangre, digestivo, sudorífico, diurético y tónico.

Fomentan la fluidez de la sangre por lo que se consideran un remedio excelente contra la sangre espesa.

Según antiguos herbarios, las mujeres usaban el cocimiento de la planta como cosmético. Con esa tisana solían lavarse los ojos y la cara para obtener un cutis fino.

Una ventaja es que esta planta se mantiene fresca todo el año y produce hojas incluso en invierno.

Con sus flores se puede hacer un jarabe que tiene un sabor riquísimo y es además bueno para la salud.

Jarabe »miel« de diente de león. Cuatro puñados de flores de diente de león se ponen a hervir a fuego lento en un litro de agua fría. Se le da un hervor y se retira la olla del fuego. Al día siguiente se cuela todo y con las manos se exprimen bien las flores.

Al líquido se le añade un kilo de azúcar moreno y medio limón cortado en rodajas. Se remueve bien todo y se pone la olla al fuego sin taparla. Para que se conserven las vitaminas se deja a fuego muy lento. Así se va evaporando el líquido sin hervir. Hay que dejar enfriar la masa una o dos veces para constatar su consistencia, pues el jarabe no debe quedar muy espeso, porque al guardarlo se cristalizaría con el tiempo. Pero si está demasiado claro se echa a perder pronto. Tiene que quedar a modo de una miel; se puede comer con pan para el desayuno y está delicioso, casi no se distingue de la miel de abeja. Y hablando de miel, a los enfermos de los riñones no les sienta muy bien el ácido de la miel de abeja, por lo que la pueden sustituir con este jarabe de Diente de león.

Infusión: Una cucharadita colmada de raíces se ponen a macerar durante la noche en 1/4 de litro de agua fría; al día siguiente se calienta hasta que rompa a hervir y se cuela. Se bebe repartida media hora antes y media hora después del desayuno.

Ensalada: Se prepara con las hojas y las raíces frescas

Bohordos-tallos: Se comen de 5 a 10 bohordos crudos al día, después de lavarlos y mascarlos espaciosamente.

Es excelente drenador del riñón y del hígado. Antiguamente se denominaba "herba urinaria" en francés le dicen *"pisee au lit"*, casi lo mismo que en catalán: *"la moja camas"*... Este nombre lo dice todo.

Bedypunis, Dens Leonis. Otra deste genero ǫ dize die de Leon, especie de Chicoria agreste.

PEPINO

Cucumis sativus. De la familia *cucurbitáceas.*
Es una planta herbácea anual, provista de tallos
rastreros, que se adhieren al suelo. Las hojas son
alternas y de superficie áspera, con abundantes
pelos rígidos. El fruto es cilíndrico, irregular,
curvado, con el ápice engrosado y una serie de
costillas longitudinales. En su interior se disponen las semillas, ovales. Esta especie es muy
común en estado cultivado. Se recolecta en verano antes de alcanzar maduración completa.

El pepino es originario de las regiones tropicales del sur de Asia. En India se viene cultivando
desde hace más de 3,000 años. Después se hizo
popular en Grecia y de Roma paso al resto de
Europa. Hoy es la cuarta verdura más cultivada
en el mundo después del tomate, la col y la cebolla.

Se utiliza el fruto que tiene estos compuestos
químicos.- Esencia, vitamina C. carotenos, aminoácidos, celulosa

Propiedades.- Emoliente, anticatarral, depurativa. Tiene propiedades diuréticas, combate el
estreñimiento y ayuda a reducir el nivel de
azúcar en la sangre. En uso externo favorece la
belleza.

Puede consumirse al antural, en ensaladas,
preferiblemetne aderezadas con un poco de jugo

de limón, y acompañadas con cebollas tiernas bien picadas. Convien cortarlo en rodajas bien finas y prepararlas un poco antes de consmuirlas, para favorecer su digestión, pues por su alto contenido de celulosa es indigesto

Las rodajas pueden emplearse para refescar yu humectar la piel. Pues el pepino es muy utilizado en cosmética para blanquear la piel, tanto en forma de mascarillas de pulpa como en pomadas que contienen el jugo.

La industria conservera lo emplea para su preparación en vinagre.

La siguiente información acerca del pepino apareció en The New York Times como parte de su series "Spotlight on the Home", que resalta las formas curativas para resolver problemas comunes.

1. Los pepinos contienen más de las vitaminas que usted necesita diariamente. Solo un pepino contiene Vitamina B1, Vitamina B2, Vitamina B3, Vitamina B5, Vitamina B6, Acido Fólico, Vitamina C, Calcio, Hierro, Magnesio, Fósforo, Potasio y Zinc.

2. Si se siente cansado en la tarde, en vez de tomar una soda (gaseosa, refresco) cafeinada, elija comer pepino. Los pepinos son buena fuente de Vitaminas B en lugar de los Carbohidratos que pueden suministar ese refresco.

3. ¿Cansado de que su espejo se empape de vapor después de una ducha? Frote una rodaja de pepino a través del espejo, le eliminara la niebla y le suministrara una fragancia calmante como spa.

4. ¿Están los gusanos y las babosas arruinando sus matas? Coloque unas pocas rodajas de pepino en una lata pequeña y su jardín se verá libre de plagas en toda la temporada. Los químicos en el pepino reaccionan con el aluminio para emitir una esencia indetectable por los humanos, pero enloquece a las plagas del jardín y hace que ellas abandonen el área.

5. ¿Está buscando una forma rápida y fácil para remover la celulitis antes de ir afuera o a la piscina? Frote una o dos rodajas de pepino a través del área con el problema por unos pocos minutos, los fotoquímicos en el pepino causan que el colágeno en su piel se apriete, afirmando la capa exterior y reduciendo la visibilidad de la celulitis. ¡¡También trabaja magníficamente en las arrugas!!!

6. ¿Quiere evitar la resaca (La cruda) o un terrible dolor de cabeza? Coma unas rodajas de pepino antes de irse a la cama y levántese fresco y libre de dolores de cabeza. Los pepinos contienen suficiente azúcar, vitaminas B y electrolitos para reaprovisionar los nutrientes esenciales per-

didos en el cuerpo, conservando todo en equilibrio, evitando las resacas y dolores de cabeza!!!

7. ¿Está tratando de combatir los excesos de comida de la tarde o de la noche? El pepino ha sido usado por siglos y con frecuencia usado por los exploradores, comerciantes y tramperos europeos como comida rápida para engañar al hambre.

8. ¿Tiene una reunión importante o una entrevista de trabajo y usted ve que no tiene suficiente tiempo para limpiar sus zapatos? Friegue un pedazo de pepino fresco sobre el zapato, sus químicos le suministraran un brillo rápido y durable, que no solo luce muy bien, sino que también repele el agua!!

9. ¿Estresado y no tiene tiempo para un masaje facial o visitar el spa? Corte un pepino entero y colóquelo en un contenedor para hervir agua, los químicos y los nutrientes del pepino reaccionaran con el agua hervida y se liberaran en el vapor, creando un calmante y relajante aroma que se ha demostrado reduce el estrés en nuevas madres y los estudiantes de la universidad en los exámenes finales.

10. ¿Recién terminó un almuerzo de negocios y se da cuenta que usted no tiene goma de mascar o menta? Tome una rodaja de pepino y presiónelo en el paladar de su boca con su lengua por 30 segundos para eliminar el mal aliento.

11. ¿Está buscando una forma *"verde"* para limpiar sus grifos, lavaplatos o aleaciones de acero? Tome una rodaja de pepino y frótela en la superficie que usted quiere limpiar, no solamente le removerá la opacidad de años y le devolverá el brillo, sino que no le dejará rayones y no le afectará sus dedos o las uñas mientras usted limpia.

12. ¿Escribiendo con un lápiz y comete un error? Tome el exterior del pepino y úselo suavemente para borrar el escrito, también trabaja magníficamente en crayones y marcadores que los chicos han usado para *decorar* las paredes!

Hay varios trucos para evitar el amargor del pepino, por ejemplo: dejarlo en remojo con sal unos minutos o bien, tras pelarlo, rallarlo para hacer que las sustancias amargas que se concentran en mayor medida bajo la piel sean eliminadas. El truco más común es cortar los extremos y frotar con ellos las puntas hasta que salga una espuma blanca: desaparecerá el amargor... o encontrarle el gusto al sabor amargosillo del pepino.

Nota.- La siguiente vez que pele pepinos para la ensalada ¡no tiré las cáscaras!! Lávelas, licúelas y haga una deliciosa agua fresca; le recordará el sabor al agua de alfalfa, fresca y nutritiva!... ¡¡¡Nada se desperdicia del fabuloso pepino!!!

NOMEN HERBAE MANDRAGORA

MANDRÁGORA

Una planta que ha vivido en las leyendas, en el folklore y la magia, pero que puede ser muy benéfica para la salud

La mandrágora es una planta que ha sido mencionada en la Biblia, la menciona el médico griego Dioscorides. Se habla de ella en una película de Harry Potter y en varias obras de Shakespeare, eso nomás entre muchas otras menciones. Es decir es una planta famosa, pero no tanto por sus propiedades medicinales, sino por las leyendas y supersticiones que la rodean.

Pertenece a la familia de las solanáceas, como el toloache, floripondio, etc. Esta familia tiene una reputación fatal, pero estas plantas, impregnadas de mitos y folklore, se han usado durante miles de años por sus cualidades medicinales. La mandrágora, por ejemplo, creciendo en las áreas áridas del Mediterráneo y Medio Oriente, ha sido usada como alucinógeno, analgésico, afrodisíaco y droga para la fertilidad durante miles de años. La dosis tiene que ser la correcta, desde ahorita lo digo. Ha sido empleada como anestésico quirúrgico y en compuestos antirreumáticos. Actualmente se utiliza en homeopatía, pero, dado su carácter tóxico, que en dosis elevadas puede provocar serios trastornos e incluso la muerte, no se recomienda usarla en medicina casera.

El nombre científico es *madragora officinalis*. En inglés se llama *european mandrake*, en francés *mandragore*. También es conocida como *manzana de Satá (como la llamaban los árabes), manzana del amor* o *planta de Circe*.

Desde la antigüedad se ha reconocido como planta afrodisíaca y estimulante de la fertilidad.

Pero sobre todo, ha sido considerada como una planta mágica, más que nada por la forma de la raíz a la que casis siempre se le encuentran las características de un cuerpo humano, hasta con los detalles de los órganos sexuales.

La raíz parda puede alcanzar hasta un metro por debajo del suelo. La raíz es gruesa y a menudo se divide en dos patas. Tiene un corto tallo rematado por hojas ovales. Las flores son blancas y los frutos son bayas coloreadas de naranja.

Con fines medicinales se recogen las raíces que se secan al aire y se muelen.

La raíz de mandrágora se clasifica dentro de grupo de hierbas anodinas (hierbas que calman el dolor) por sus propiedades narcóticas y soporíferas y se utiliza para tratar dolores reumáticos. La mandrágora tiene propiedades eméticas (provoca el vómito) y laxantes. Externamente tiene propiedades antiinfecciosas. Se dice también que favorece la libido.

Los principios activos responsables de estas propiedades son una serie de alcaloides derivados del tropano como la escopolamina, la atropina, hiosiamina y mandragorina un potente alcaloide narcótico e hipnótico.

Las hojas son menos peligrosas que la raíz y se usan en ungüentos para aplicaciones tópicas, como para dolores reumáticos.

La mandrágora ha sido protagonista de muchas leyendas y rituales. Durante la Edad Media, los magos y las brujas hacían con la raíz de mandrágora algo similar a una figura humana y la usaban para sus diferentes rituales, ungüentos y encantamientos, incluso se decía que las pócimas para poder volar en escoba incluían extracto de raíz de mandrágora.

Hay historias que cuentan que la planta grita lamentándose cuando la arrancaban de la tierra, pudiendo enloquecer a las personas con sus llantos. Para no morir se cavaba hondo alrededor de la raíz hasta ponerla al descubierto. Se ataba una cuerda a la raíz y el otro extremo se ataba al cuello de un perro. Se llamaba al perro desde cierta distancia. El perro, al querer acudir al llamado, tiraba de la planta y la arrancaba, gritaba la planta, y a veces el perro moría... cuenta la leyenda.

Según creencias populares crecía bajo los patíbulos donde caía el semen a veces eyaculado por los ahorcados (durante las últimas convulsiones antes de la muerte o por erección y eyaculación postmortem).

La mandrágora era usada en la magia negra, pero también en magia blanca, ya que es venenosa y curativa al mismo tiempo, según el uso que se le dé.

Cuando juzgaron a Juana de Arco la acusaron de usar la mandrágora, porque pensaban que esa era la causa de que oyera voces.

También cuenta la leyenda que las raíces de mandrágora se transforman en hombrecitos de verdad, como los pequeños duendes, y que se dedican a favorecer al dueño de la planta. Por eso no todas las plantas servían para la magia y la hechicería, solo las que tenían raíz en forma humana.

Bueno, para terminar diremos que la mandrágora es sólo una de las 2,500 especies de la familia solanácea, a la que también pertenecen tomates, papas, chiles, berenjenas, pimentones, tabaco y petunias, entre otros... no todas serán para la bujería... ¿o sí?..................

NÍSPERO

Fue hace más de dos mil años cuando marinos mercantes, procedentes de China, introdujeron los nísperos en la península ibérica. Concretamente por el puerto de Sagunto (Valencia). Desde aquí se extendió por todo España, encontrando el mejor hábitat para su propagación y desarrollo en zonas del litoral mediterráneo.

Se cuenta en la República Dominicana que el níspero fue traído a América por el propio Cristóbal Colón en uno de sus viajes y que el primer árbol aún permanece en pie en el sector el Santo Cerro en La Vega. Lo cierto es que los españoles comenzaron a cultivar el níspero en América desde los años 1500s.

NÍSPERO.- Es un árbol frutal de la familia de las rosáceas. Tiene un hermoso aspecto, hojas elípticas y brillantes, y flores de cinco pétalos. Produce frutos amarillos de piel fina y pulpa acuosa y comestible, tanto natural, como en jugos, mermeladas, licuados, etc.

Con fines medicinales, se emplean los frutos, las hojas y la corteza.

El nombre científico de la especie más común es *Nespilus germanica*, en inglés se llama *medlar*; en francés *néflier;* en italiano *nespolo* y en portugués *nespereira*. Hay variedades como el níspero japonés (*Eriobotrya japonica*, Loquat en inglés) y la sapodilla *(Manilkara zapota).*

Crece más en climas húmedos y se cosecha en otoño.

Propiedades.- Actúa como anti diarreico; se recomienda en caso de trastornos gastrointestinales, pues es regulador de la función intestinal y diurético.

Las hojas sirven para las inflamaciones de boca y garganta. En uso externo, ayudan la curación de heridas. Es un excelente antioxidante rico en vitaminas B y C, tiene un sabor suave y textura áspera.

El níspero destaca por su contenido en pectina, un tipo de fibra soluble, muy útil para personas que siguen dietas de adelgazamiento.

Es rico en taninos, sustancias con propiedades astringentes y anti-inflamatorias. Además los ácidos cítrico, tartárico y málico abundantes en su pulpa, ejercen sobre las mucosas acciones reguladoras y tonificantes.

La fibra contribuye a reducir las tasas de colesterol en sangre y al buen control de la glucemia, es benéfico en caso de hipercolesterolemia y diabetes. Su elevado contenido en potasio y ácidos orgánicos, lo hace un buen diurético.

Algunos estudios afirman que esta fruta ofrece una acción antidiabética. Parece ser que contiene ciertas sustancias terpenoides, no nutritivas que podrían reducir los niveles de glucosa en sangre. También es aconsejable comer nísperos para evitar digestiones pesadas y flatulencias, para eso es aconsejable consumirlo maduro.

Por su alto porcentaje de agua, los nísperos son una excelente forma de aportar agua al organismo, y ayuda también a eliminar toxinas.

Se recomienda su consumo en caso de gota y cálculos renales. También existen estudios que le atribuyen una acción antivírica.

La fibra es otra de las propiedades del níspero, un importante aliado en las dietas de adelgazamiento. Además, posee alto contenido en potasio y muy bajo en sodio, siendo su valor calórico es relativamente bajo.

Decocción antidiarreica: hervir 25 g de corteza fresca y lavada en medio litro de agua durante 25 minutos, filtrar y beber varias tazas durante el día.

Vino diurético.- Macerar un puñado huesos de la fruta de níspero molidos en un litro de vino blanco durante 24 horas. Filtrar y beber una copita por la mañana y otra por la noche.

Decocción de uso externo.*-* Hervir 40 gramos de corteza y hojas en medio de litro de agua. Dejar que se entibie y hacer gárgaras dos veces diarias en casos de inflamación de boca y garganta, o para lavar heridas.

El níspero de industrializa y promueve cada día más, y por lo menos n pueblo en España, Callosa d'en Sarrià, quiere registrar la denominación de origen, aunque sabemos bien que vino de oriente.

Recuerde consultar con un buen herbolario y usar prudencia al usar plantas medicinales

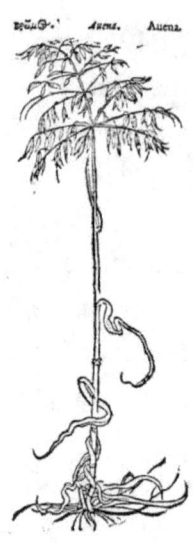

AVENA

Planta anual de la familia de las gramíneas. Sus tallos son erectos, llenos de nudos, y alcanzan un metro de altura. Las hojas son lineales y ásperas. Las flores se disponen en pequeñas espigas con formas piramidales. Los frutos son rojizos y tiene sabor dulce. Se utilizan para obtener harina de alto valor nutritivo y buena para preparar múltiples platos, especialmente para niños y ancianos.

Toda la planta se utiliza como forraje para ganado. En muchos países, también se emplea en la preparación de whisky y cerveza.

El nombre científico es *avena sativa.* En inglés se llama *common oat*; en francés *avoine*, en italiano igual que en español y en portugués, *aveia*.

Se siembra por semillas. Existen variedades de invierno y de primavera. Todas son muy resistentes y se adaptan a todo tipo de suelo.

Propiedades.- Es un alimento de alto valor nutritivo por su contenido de vitaminas y minerales. Es recomendada para casos de dispepsia, exceso de ácido úrico, diabetes, y colesterol elevado. Sus fibras facilitan la digestión y regulan el funcionamiento de los intestinos. Tiene, además, efectos diuréticos.

Formas de uso.- *Infusión contra el exceso de ácido úrico:* hervir un puñado de paja de avena triturado, en un litro de agua, durante veinte minutos. Beber varias tazas durante el día.

Decocción diurética: hervir tres puñados de avena en un litro y medio de agua, hasta que el liquido se reduzca a un litro. Tomar distribuido durante el día. Esta misma bebida se emplea en caso de hidropesía.

Decocción intestinal: hervir 50 g de avena pelada y limpia en un litro de agua. Dejar que el líquido se reduzca a la mitad. Filtrarlo y endulzarlo con miel. Beber varias tazas diarias.

Compresas para el lumbago: hervir dos puñados de harina de avena en un poco de vinagre. Colocar esta pasta en una gasa y aplicarlo en el lugar afectado. También puede emplearse para dolores reumáticos y artríticos.

La recomiendan para las personas que se sienten estresadas, cansadas, deprimidas, fastidiadas, que carezcan o vean disminuido su deseo sexual habitual, una dosis diaria de Avena soluciona gran parte de esos problemas.

Se piensa que esta hierba maravillosa es calmante para el cerebro y el sistema nervioso en general, al mismo tiempo que aumenta el deseo sexual y el rendimiento, tanto en hombres como mujeres al grado que se está convirtiendo rápidamente en una popular alternativa natural a los potenciadores de erección farmacéuticos sin los efectos secundarios peligrosos. A menudo es descrita como el *"Viagra Natural"*, y es estimulador tanto para los hombres como para las mujeres.

Esos efectos estimulantes son bien conocidos en el mundo animal, especialmente con caballos, pues es bien sabido que si les das de comer avena a los caballos su comportamiento será salvaje y enérgico! Y por allí se escucha el término *"sembrar su avena"* aplicado a los sementales.

En las mujeres, el efecto parece ser más de aumento del deseo sexual en lugar de rendimiento físico. También que contiene compuestos que son sedantes y calmantes al cerebro y sistema nervioso, por lo que el efecto afrodisíaco en las mujeres consiste en la relajación del cuerpo que a su vez permite un aumento natural de deseo

En los hombres parece ser que su eficacia para tratar la impotencia y la eyaculación precoz, probablemente sea porque aumenta el flujo sanguíneo saludable con beneficios no solo en el aspecto sexual, sino en todo el cuerpo, pues habiendo buena circulación, el organismo todo funciona mejor. Por eso la avena es conocida como un alimento bueno para el corazón porque mantiene la sangre y las grasas bajo control.

También es una rica fuente de carbohidratos y fibra soluble; tiene un alto contenido de hierro, Zinc y manganeso; no tiene efectos secundarios conocidos, a diferencia de los medicamentos recetados para aumentar la potencia sexual que a veces tienen efectos secundarios peligrosos. De hecho se usa a menudo como principal ingrediente en fórmulas sexuales caras y en algunas alternativas populares de farmacia, por lo que en lugar de comprar costosas fórmulas, puede ir a la fuente original, la avena pura es más potente y es barata y más segura.

Se puede usar como un tónico general del sistema nervioso, así como un tónico de la salud general.

Como la avena no parece interactuar con fármacos, a menudo se utiliza como una alternativa segura para la ansiedad.

RESUMIENDO.- Nutritiva; antidepresiva; anti-estrés; cura la pérdida de la libido en ambos sexos, impotencia prematura, eyaculación, debilidad y agotamiento nervioso, insomnio, facilita la digestión y combate el estreñimiento; ayuda en problemas de menstruación escasa, calambres, agotamiento después del parto, controla el colesterol, ayuda a la presión arterial y a una buena circulación... la buena avena... *"La humilde servidora"*

CARDAMOMO

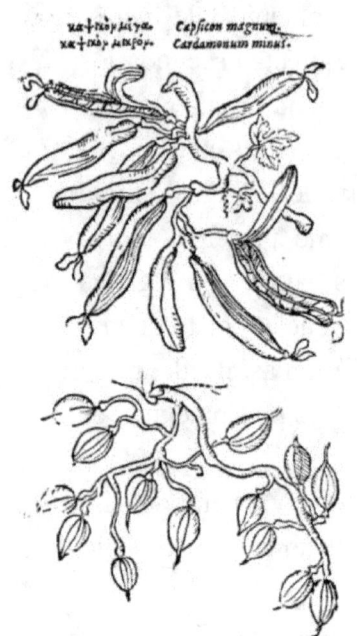

No te dé pena desco-
nocer algunas plantas,
aunque sean muy cono-
cidas por otros, pues se
catalogan unas 25,000
plantas medicinales en el
mundo y nomás en
México hay unas 5,000,
puede que no las conoz-
cas todas. Un día entré a
una tiendita chapina en
mi barrio de South Gate,
Ca. y noté que en un
frasco había de venta unas bolsitas de semillas
que decían "Cardamomo", como la tendera se
veía ocupada no pregunté y me fui a los libros y
a la internet y esto encontré.

Elettaria cardamomum es una planta perenne
herbácea aromática que crece hasta 4 m de altura.

Las hojas son alternas en dos filas, linear-
lanceoladas, de 40 a 60 cm largo, con una punta
larga que crecen a los lados de una vara de 60
cm. aprox.

Las flores son blancas a lila pálido o violeta.
El fruto es una vaina de color verde amarillo de

tres lados, de 1 a 2 cm largo, que contiene varias semillas negras.

Las plantas silvestres crecen en los bosques monzónicos en el sur de la India, en una región que se conoce como *"Las colinas del cardamomo"*. Por mucho tiempo esas colinas proporcionan la mayor parte de la producción mundial. Cuando la India fue conquistada y colonizada por los ingleses en el siglo XIX, éstos establecieron plantaciones, convirtiendo a la India en el principal productor de cardamomo del mundo. Actualmente Guatemala es la que produce más Cardamomo en el mundo, y eso que sólo comenzó a crecer la especia en la década de 1920, superando a la India y a Sri Lanka.

El Cardamomo se ha comercializado en la India por lo menos hace 1,500 años. Muchos textos históricos indios hacen mención al cardamomo como condimento y como medicina.

Es mencionado en textos sánscritos del siglo IV A.C. en un Tratado sobre la política llamada Arthashasthra de Kautilya y en Taitirriya Samhita, donde es utilizado en ofrendas durante las ceremonias.

Un documento con crónicas del antiguo egipcio, el papiro de Ebers, cerca del 1500 A.C., narra cómo los egipcios lo utilizaban para medicamentos, embalsamamiento y otras prácticas rituales. Ellos también masticaban las vainas para limpiar los dientes y refrescar el aliento.

Los griegos lo importaban junto con otras especias de Oriente, y lo llamaron *amomon* o *kardamomon.* Tanto ellos como los romanos, utilizaban esta especia para perfumes, ungüentos y aceites aromáticos, y para curar.

Años antes, los vikingos lo habían descubierto en sus viajes a Constantinopla y por las rutas de caravanas. Lo introdujeron a Escandinavia, donde sigue siendo popular en varias recetas.

PARTES UTILIZADAS.- Semillas y su aceite esencial.

Muy utilizado en la cocina china y oriental en general. Se mezcla el café con cardamomo para hacerlo más sabroso y disminuir los efectos de la cafeína. Contiene proteína, agua, aceite esencial, carbohidratos y mucha fibra. También es rico en almidón y ácidos grasos.

El cardamomo es una buena fuente de minerales como el potasio, el calcio y el magnesio. ☐ Tiene un olor y sabor ligeramente picante y muy estimulante. ☐ Posee un 4% de aceites volátiles como el terpineol, cineol, sabineno, limoneno y el pineno. ☐ Esta semillita contiene proteína, agua, aceite esencial, carbohidratos y mucha fibra. ☐ Rico en almidón y ácidos grasos. ☐ Tiene propiedades antiespasmódicas y estimulantes. ☐ Es digestivo, alivia los cólicos, estimula el apetito, combate acidez, ardor y provoca una mayor producción de saliva. ☐ Es carminativo. ☐ Sirve para aliviar la intolerancia que sufren algunas personas al gluten contenidos en los cereales como avena, trigo, cebada, etc. (celiacos). ☐ Se usa para aliviar hemorroides. ☐ Útil para tratar problemas urinarios. ☐ Combate el mal aliento (halitosis). ☐ Tiene propiedades afrodisíacas. ☐ Ayuda a regular el metabolismo ☐ Se utiliza para curar la artritis. ☐ Buena para los diabéticos ☐ Sirve para adelgazar. ☐ Ayuda en casos de diarrea, y neutraliza los efectos de la cafeína. ☐ Por su contenido de aceites esenciales, se utiliza para preparar diversos platillos en la cocina como el arroz, sopas, ensaladas, bebidas, licores, repostería, etc. ☐ Se utiliza en polvo, tintura o en preparaciones farmacológicas. ☐ Combate la flatulencia.

Usos en la cocina del Cardamomo.- Muy útil para preparar arroces, salsas, sopas, bebidas, currys, salsas, aderezos, etc., así como para perfumar licores, etc.

El cardamomo es muy utilizado culinariamente, sobre todo en la India, se le agrega al arroz para darle un sabor ligeramente picante. Los árabes, por otro lado, lo utilizan en el café, convirtiéndolo en un tónico cardiaco y antiflatulecncia.

El Cardamomo se puede preparar en té, hirviendo una taza de agua y luego agregándole una cucharadita de semillas recién machacadas; dejar reposar durante quince minutos y colar.

Hay varias versiones sobre el significado de la palabra cardamomo. También le llaman *"Grano del paraíso"* y este puede ser un nombre adecuado.

MALVA

Humilde plantita que sigue al humano

La Malva, *malva silvestris, (nombre científico)* es la más conocida de varias especies malvas. Es conocida también como *malva silvestre, malva común, malva azul, malva extranjera...* Es una planta de hojas pequeñas que se cría junto a las cercas y caminos, en las ruinas y campos baldíos, pero siempre en los lugares frecuentados por el hombre. Si por casualidad aparece una vez lejos de las viviendas humanas, se puede asegurar que en otros tiempos hubo allí gente viviendo.

Su fruto tiene la forma de *quesitos,* y pocos niños criados en el campo habrá que no hayan arrancado esos **"quesitos"** para comérselos o para jugar con ellos.

En siglos pasados se cultivaba la malva para la alimentación de las personas, hoy se suelen consumir los brotes tiernos en ensalada y las hojas cocinadas como verdura. Por ser una verdura con poco sabor, se suele acompañar de otros alimentos. El algunas partes las hojas de malva se han usado como sustituto del tabaco, solas o mezcladas con orégano. También se puede obtener de ellas un tinte de color verde.

Se dice que es una planta mágica, utilizada en exorcismos y otros rituales, pero vamos viendo sus aplicaciones más prácticas en la medicina casera.

Beneficios medicinales de la Malva.- La malva es rica en mucílagos, lo cual la hace útil en diversos tipos de irritaciones por sus propiedades como emoliente (calma la piel y las mucosas inflamadas) y laxante (facilita la evacuación de las heces).

El té de malva.- Se puede emplear además contra las inflamaciones de la boca y garganta haciendo enjuagues y gargarismos. En afecciones pulmonares como tos, bronquitis o asma ya que es expectorante, (favorece la expulsión de secreciones de los pulmones y la faringe) y antitusígeno (calma la tos y la irritación de la faringe).

En caso de estreñimiento también es muy recomendable ya que es un laxante suave.

El té se prepara con dos cucharadas de planta por tacita, que sirve tanto para hacer gargarismos como para beber, endulzado preferiblemente con miel. Se toman dos o tres tacitas al día. Otro modo de preparar el té es en frío, se ponen las hojas de malva en remojo durante la noche y se calienta el té por la mañana.

Asma: Se hacen gárgaras con el cocimiento de flores. 50 gramos por litro de agua.

Desinflama las amígdalas, al quemar e inhalar los vapores de hojas y flores secas.

Gripe: Se tomas hojas y flores en cocimiento varias veces al día. La dosis recomendada es de 35 gramos por litro de agua.

Nervios: Relaja los nervios al beber dos tazas diarias del cocimiento de hojas y flores empleando 40 grs. por cada lt. de agua.

Hemorroides: Alivia las hemorroides tomando dos tazas diarias de cocimiento de flores.

Tos: Se tomas tres tazas diarias de té de flores para disminuir la tos. 35 grs. por litro de agua.

Adelgazante: Se hierven durante 5 minutos 25 grs. de hojas en medio lt. de agua. Se toman una o dos tazas en ayunas durante 30 días consecutivos. Se descansa unos días del tratamiento y luego se puede comenzar a usar.

Irritación de riñones y retención de orina: se toman tres tazas diarias de hojas cocinadas. 30 grs. por litro de agua.

Uso externo

Inflamaciones supurantes: Se aplica la raíz y la hoja en cataplasmas.

Acné: Aplicaciones de loción hechas en el cocimiento de hojas y flores. 50 gr. Por lt. de agua.

Infecciones vaginales: Se realizan baños vaginales de hojas y flores.

Irritación de ojos: Se hacen lavados con el cocimiento de 30 gr. por litro de agua.

Gota y artritis: Se toman las raíces y hojas frescas, se machacan y calientan para aplicarlas en la zona afectada con la ayuda de una tela.

Quemaduras y picaduras de avispa: El cataplasma usado para gota y artritis también ayuda a cicatrizar si se aplica sobre quemaduras y para aliviar las picaduras de avispas y otros insectos, Así como en irritaciones de la piel aparte del acné, eccemas, furúnculos, etc.

Enfisema pulmonar.- Aun en casos graves ayuda la Malva. Se beben por lo menos tres tazas al día y durante la noche se dejan actuar sobre los bronquios y los pulmones cataplasmas hechas con los residuos de la maceración de hojas y flores, que se calientan bien.

*Ojos resecos.-*Excelentes resultados dan los lavados de ojos con té de malva las compresas del mismo té tibio, en los raros casos en que se seca el líquido lacrimal.

Baño de té de malva para pies hinchados.- Resultados sorprendentes cuando después de fracturas se hinchan los pies por exceso de carga o cuando se tiene un pie hinchado y con llagas. Se dejan macerar dos puñados de hojas durante la noche en 5 litros de agua fría. Al día siguiente se calienta todo hasta la temperatura que manos y pies puedan soportar. Se bañan los pies durante 20 minutos.

Esta humilde plantita que sigue al humano a sus casas no ha sido lo suficientemente reconocida y aprovechada... y es ¡Buena la Malva!

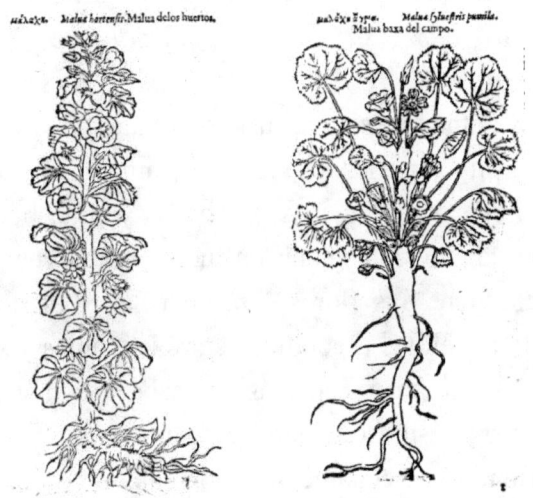

DAMIANA

El pueblo la conoce como *Damiana amarilla, damiana americana, damiana de California, garañona, hierba de la mora, hierba de la pastora, hierba del venado, itamo real, jícamo real, mezquitillo, oreja de venado, paraleña, pastorcita, San Nicolás*; En Yucatán: ajkits, misibkook, xmisibkok.

En la Botánica le han dado varios nombres: *Turnera humifusa; Turnera aphrodisiaca; Turnera pringlei.*

La damiana es un arbusto de hasta 1.5m de altura, muy ramificado, tallos ligeramente rojizos. Las hojas son pequeñas, arrugadas y en el borde tienen dientes, despiden un fuerte aroma cuando se estrujan. Sus flores son amarillas y parecen como estrellitas escondidas entre las ramas y sus frutos son unas cápsulas de sabor aromático, amargo y resinoso que recuerda a los higos.

Género estrechamente emparentado con el de la Pasiflora. Crece en terrenos áridos de América tropical como Antillas, Brasil, Bolivia, California, Texas y especialmente México, donde se le llama *té mexicano.*

Propiedades: Afrodisíaco, antiséptico urinario, diurético suave, expectorante, laxante suave y tónico estimulante del sistema nervioso central que actúa sobre los centros espinales que estimulan la micción, la erección y la eyaculación. De acción suave, no adictiva y sin efectos secundarios conocidos.

Indicada en asma, astenia psico-física y fatiga, bronquitis, cistitis crónica, depresión, dolores de cabeza acompañados de mareos, estrés, impotencia y frigidez por causas psíquicas, y uretritis. Se ha comprobado que produce un aumento en el número y la vitalidad de los espermatozoides, así como que regulariza el ciclo menstrual y estimula las funciones del ovario. Contraindicada en embarazo, lactancia, ansiedad, insomnio, taquicardia y síndrome del intestino irritable. En dosis elevadas es purgante.

Aplicación.- *Infusión*. Con las hojas se prepara una tisana. Una cucharada sopera por taza se hierve durante 1 minuto y se toman 3 tazas al día, antes de las comidas.

Extractos. Si es fluido, se toman de 20 a 50 gotas, 3 veces al día.

La Damiana es una planta muy comercializada, se puede encontrar en comprimidos, cápsulas, planta troceada, tintura, extractos, etc. y también forma parte de algunas presentaciones compuestas.

Se le dan muchos usos a la damina para atender variados problemas de tipo ginecológico y sexual, tales como la debilidad e impotencia sexual, en dolores de postparto, en la espermatorrea, para promover la fertilidad, también para fortificar el útero y en caso de orquitis (inflamación de testículos); así como afrodisíaca y conceptiva.

Cuando se presentan irregularidades en el sangrado de la mujer, se recomienda tomar la infusión hecha con las ramas con hojas o toda la planta pero sin raíz; se administra dos veces al día por 15 días, después de la regla.

Sin embargo, es la tos el padecimiento en el que más se emplea, bebiendo el vino vegetal; o el té de las ramas con hojas, el cual se ingiere caliente varias veces al día.

Otros usos medicinales que se le confieren son contra el dolor de estómago; para el catarro y el pulmón dañado tabaquismo, en la debilidad muscular y general.

También se aprovecha en picadura de escorpión, reumas, diabetes, inflamación de la vejiga y en nefritis; así como para estimular el apetito y reforzar la sangre.

Luis Cabrera, señala los usos siguientes; dispepsia por tuberculosis, eupéptico, impotencia sexual, jaqueca, estimula el metabolismo y es tónico. La Sociedad Farmacéutica de México la reporta como catártica y estimulante.

Se tiene constancia que la damiana se usaba en las antiguas culturas precolombinas. Por ejemplo los mayas las utilizaban para mejorar la salud general del organismo, pero sobre todo por su acción afrodisíaca. De ahí que se la conociera durante tiempo como *la planta de la pasión*, ya que mejora la potencia sexual y la frigidez, debido a que es un potente vasodilatador que nos ayudará a despertar el deseo y mantener la fortaleza física para la realización del acto sexual. Sus efectos no se quedan ahí, sino que pueden ayudar a aumentar el número de espermatozoides y la calidad de los mismos, y en el caso de las mujeres ayudará a regular la menstruación y mantener un aparato reproductor en perfecto estado.

Es un potente estimulador del sistema nervioso, lo que nos ayuda a despertar más los sentidos y conseguir unas mayores y mejores sensaciones.

Sus efectos estimulantes actúan en casos de decaimiento, de desgano, e incluso en cuadros depresivos. De ahí que sea una planta recomendada en estos estados para activar la estimulación del cuerpo y levantar el estado de ánimo.

Además tiene un alto poder diurético y drenante, que ayuda a mantener un perfecto estado de la salud. Este efecto drenante ayuda a evitar los cálculos renales y a mejorar el estado de los mismos en el caso de padecerlos.

Su efecto expectorante sirve en los casos de infecciones respiratorias.

Y por si todo eso fuera poco también aporta fibra, que ayuda a evitar el estreñimiento.

(Desde el siglo XVI) *"Los Misioneros (en México) tuvieron la oportunidad de observar frecuentemente las aplicaciones de la damiana en la medicina doméstica, especialmente como vigorizador del sistema nervioso. Los indios cazadores tenían la costumbre, en la época de la gran sequía y en los días de tedio, de refrescar su naturaleza agotada y prepararla para fatigas venideras, bebiendo copiosamente una infusión o*

un cocimiento hecho con las hojas de esta planta. La manera como hasta ahora usan la planta los indígenas es muy sencilla, maceran las hojas en agua y le agregan una poca de azúcar, con lo que obtienen una bebida tan agradable como el té o el café".

México, Febrero de 1902.
Dr. José Ramírez

LECHUGA

Mucha gente piensa que la lechuga no sirve más que para adornar los platos y rellenar las hamburguesas, pero hay más. La planta de lechuga, además de ser un buen alimento posee varios usos medicinales y aplicaciones curativas, las cuales se concentran casi exclusivamente en las hojas.

La lechuga, conocida científicamente como *Lactuca sativa*, tiene sobre todo propiedades sedantes. Esta característica puede ser aprovechada mediante el consumo de la lechuga como ensalada o tomándola en té hecho con las hojas de esta planta.

Por esta propiedad la lechuga sirve para tratar casos de ansiedad y nerviosismo, además de ser útil contra el insomnio.

El té de hojas de lechuga tiene también propiedades expectorantes, por lo que su consumo se recomienda para tratar enfermedades del sistema respiratorio, como bronquitis o el exceso de tos.

Las hojas de la lechuga tienen propiedades de emenagogo, debido a esto son útiles para disminuir los dolores ocasionados por la menstruación. Además sirven para disminuir los síntomas premenstruales. La mejor forma de utilizar esta propiedad es consumiendo té de hojas de lechuga.

Comer lechuga seguido, ayuda a que la circulación sanguínea mejore, reduciendo el riesgo de padecer de arteriosclerosis. Debido a esta misma propiedad, la lechuga ayuda disminuir el colesterol en la sangre.

La lechuga tiene propiedades diuréticas, por esto sirve para tratar enfermedades como la nefritis, cistitis, infecciones urinarias y cálculos renales.

Además tiene propiedades carminativas, siendo útil para tratar la flatulencia y el meteorismo. La mejor manera de aprovechar estas dos propiedades es mediante el consumo de té de hojas de lechuga.

El té de lechuga también puede aplicarse de manera externa para reducir el dolor causado por golpes o torceduras en forma de cataplasma. También para reumatismo se usan cataplasmas preparados con sus hojas y frotados sobre las regiones afectadas.

La lechuga tiene propiedades que ayudan a cuidar y limpiar el cutis, siendo muy recomendable para tratar el acné. Para esto se deben triturar las hojas de la lechuga hasta formar una pasta, la cual debe ser aplicada sobre la piel.

La lechuga fue conocida por sumerios, egipcios, persas, griegos y romanos, es una planta cultivada desde hace muchos años. Los egipcios representaban a Min, dios de la fecundidad y protector de las cosechas, por una lechuga. Los antiguos griegos y romanos la expandieron por toda la cuenca mediterránea.

Propiedades nutricionales.- • Alto contenido en agua (95%). • Vitaminas: vitamina A y ácido fólico. • Minerales: potasio y calcio. En menor proporción, yodo.

En la remota Antigüedad — especialmente en Egipto — se rendía culto a las deidades consideradas patrocinadoras de la libido ofrendándoles plantas de lechuga. Este culto parecía paradójico hasta que en el 2006 se descubrió que es buena consumida en pequeñas dosis; una dosis moderada de los alcaloides presentes en la lechuga tiene efectos ligeramente afrodisíacos, no obstante, una dosis elevada actúa de forma inversa, como ansiolítico y tranquilizante.

El consumo regular de hojas en ensaladas frescas alivia el estreñimiento (propiedad carmitativa), dispepsia (digestión laboriosa) y mucosidad de garganta y pecho. Se usan para proporcionar un sueño reparador, además se utilizan para reducir el nivel de azúcar en la sangre y previene la arterioesclerosis y el colesterol.

Su propiedad diurética la transforma en un elemento importante en dietas para combatir la obesidad.

Para lograr los beneficios de la lechuga es bueno consumir un té con 100 grs. de hojas en 1 litro de agua y tomar 2 tasa al día.

En decocciones sirve contra las afecciones respiratorias (asma y broncoespasmos) utilizando, preferentemente, los tallos.

Aunque parezca curioso, el jugo de la lechuga es un desodorante natural muy efectivo.

En general, las lechugas más amargas y aquellas con mayor pigmentación en sus hojas son las que contienen mayores nutrientes y antioxidantes.

A personas nerviosas, débiles, afecciones en los riñones y vías urinarias, reumatismo, estreñimiento, avitaminosis se les recomienda comer lechuga cruda con frecuencia. La mayor concentración de vitaminas se encuentra en sus hojas verdes exteriores.

Para taquicardia (palpitaciones) se recomienda un té de 5 gramos de lechuga en ¼ de litro de agua, Tomar 3 copas diarias.

En el caso de afecciones cutáneas, un triturado de lechuga con una cucharadita de aceite de oliva aplicado en forma de cataplasma, ayuda a la mejoría y suaviza la piel.

CLAVEL

(Carnation)

Las propiedades medicinales del clavel fueron aprovechadas por los antiguos durante siglos. Hoy en día se han olvidado sus propiedades medicinales aunque sigue siendo una planta apreciada y usada por la humanidad.

No se sabe dónde se haya originado el clavel, pero se ha cultivado extensamente durante los últimos 2,000 años. Varias especies de claveles eran conocidas y gustaban en tiempos de los antiguos griegos y puede ser que desde antes de los griegos.

Según se registra, fue Luis IX de Francia fue quien introdujo el clavel en los jardines de Europa en 1270, al regresar de un viaje a Túnez.

Un catálogo de 1629 indica ya 20 variedades. Y en 1652, el botanista inglés Nicholas Culpeper (1616 1654), declaró en que *"[los claveles] son flores galanas, finas, templadas, de la naturaleza y bajo el dominio de Júpiter... son grandes fortalecedoras del cerebro y corazón..."*

El nombre científico de clavel, *Dianthus caryophyllus* fue acuñado por el botánico griego Teofrasto y se deriva de las palabras griegas para divino (theo) y flores (anthos).

Algunos estudiosos creen que el nombre del clavel en inglés, "carnation" proviene de "coronación" o "corona" (guirnaldas de flores).

Otros piensan que el nombre proviene del latín *caro, carnis,* carne, que se refiere al color original de la flor, o de *incarnatio,* encarnación, que se refiere a la encarnación del Dios hecho carne.

PARTES UTILIZADAS.- Las flores.

Uso interno: - propiedades: Antialergénico, antiespasmódico, cardiotónico, diaforético y nervino.

El té de flores de claves se recomienda en casos de debilidad general, agotamiento de los nervios y del corazón, anginas y otras dolencias del pecho, ansiedad, insomnio y en los desequilibrios hormonales.

También se usa para protegerse de envenenamiento, aliviar los espasmos musculares (especialmente en el sistema gastrointestinal), mejorar la salud del corazón, ayuda a aumentar la producción de sudor y calmar el sistema nervioso.

Durante mucho tiempo se han utilizado las flores de clave en infusiones que pueden ayudar a aliviar el estrés y el nerviosismo, la fatiga y la depresión menor, así como para controlar las náuseas causadas por el mareo. En la medicina tradicional herbal Europea en la actualidad se prescribe para tratar los trastornos coronarios y nerviosos.

Los claveles contienen sustancias que reducen la inflamación y la hinchazón y pueden ayudar a restaurar equilibrios naturales hormonales en las mujeres con condiciones nerviosas asociadas.

El té de clavel ha sido utilizado para reducir la tensión muscular en los tejidos uterinos y reducir las molestias de los cólicos menstruales. Se ha utilizado también en medicina para ayudar a reducir la fiebre y dolores de estómago, además de mejorar la salud del hígado, estómago y corazón.

Aceite de Clavel.- Por presión, se extrae de los claveles un producto denominado *"aceite de claveles",* que es un buen remedio para friccionar las partes paralizadas, dolores, ciática, etc.

También unas gotas de aceite de claveles, en algodón, aplicadas a las caries, pueden ayudar a calmar los molestos dolores de muelas.

Se usa para aliviar los eczemas y otras erupciones de la piel, para promover la curación de la piel y para aumentar la vitalidad, pues no sólo suaviza y revitaliza la piel, sino que crea una fragancia que muchos encuentran relajante y calmante. Muchas personas usan aceite de clavel para tratar y reducir la aparición de las arrugas faciales.

MAGIA A finales del siglo XVII, la Condesa de Dorset de Inglaterra hizo su propia poción de amor, incluyendo clavel, lavanda, hoja de bahía y mejorana.

Muchos productos comerciales tales como jabones, perfumes y lociones corporales contienen aceite esencial de claveles.

Los pétalos de la flor son comestibles. Se han utilizado como especias en la cerveza, el vino, los licores y guisos.

En su mayor parte, claveles expresan amor, fascinación y distinción.

En infusión o remojando las flores de esta planta, en agua potable por el espacio de varias horas, se obtiene una bebida que es muy eficaz para fortificar el corazón y tonificar el sistema nervioso.

La flor del clavel se ha usado como símbolo de amor, fascinación, distinción... Y de algunas causas humanitarias y políticas...

VERDOLAGAS Y QUELITES

"Verdolagas y quelites que de veras te crelli-tes..." era el sonsonete con que nos burlábamos de alguien a quien engañábamos contándole alguna mentira...

Quelite se deriva de la palabra náhuatl *quílitil* que significa *hierba tierna comestible,* y entre los quelites se agrupaban varias especies de hierbas que se consumen en México desde tiempos prehispánicos, como *los romeritos, el quelite cenizo, quelite acumbo, quelite de frijol, quelite de venado, tequelite, la verdolaga, los malacates, los chivitos, el huauzontle, el pápalo quelite, el quintonil, la chaya, la lengua de vaca, la hierbamora, la guía de chayote, el chepil (o chipilín), la pipicha, el alache, la hoja santa (o acuyo) y el berro,* entre otros más. Todas estas hierbas además de servir de alimento también cuentan con propiedades curativas.

El nombre científico del quelite es *Amaranthus hybridus.* Y al igual que el amaranto, la chía y otras hierbas, los quelites fueron relegados por los españoles como plantas *"idólatras"* o como plantas de consumo para la clase baja...pues ellos consumían las lechugas, espinacas y acelgas europeas, despreciando, por ignorancia, plantas muy benéficas por nutritivas y medicinales.

El quelite, además de ser bonito como dice la popular canción. *"qué bonito es el quelite, bien haya quien lo formó, que por sus orillas tiene de quien acordarme yo..."* Tiene otras... Propiedades:

• Es nutritivo, nos aporta vitaminas A, C y del complejo B, así como calcio, potasio y hierro. • Es rico en proteínas. • Nos provee de fibra. • Ayuda a subir las defensas y las fortalece. • Al ser ricos en calcio nos ayuda a mantener en buena forma el sistema óseo. • Fortalece el sistema nervioso. • Previene y combate el estreñimiento. • Combate la anemia. • Regulador menstrual. • Alivia diarreas y disentería. • Se usa en lavados y gargarismos para ulceraciones bucales. • Benéfico al sistema ocular.

Una gran ventaja de los quelites es que crecen de manera silvestre en casi cualquier terreno, usualmente en la milpa, en las plantaciones.

Se calcula que se pueden consumir un mínimo de 500 especies diferentes de los cuales estamos familiarizados con sólo unas 30. Todos tienen las propiedades señaladas arriba: Están llenos de vitamina A que favorece la vista. Vitamina C, que ayuda a la cicatrización y refuerza las paredes celulares de los vasos sanguíneos, reforzando el sistema inmune. Tienen minerales esenciales como calcio, potasio y hierro que favorece a la regulación cardiaca y generación de glóbulos rojos... esos humildes quelites son toda una maravilla para la salud. He aquí unos de los más conocidos y usados.

Quintonil.- Llega a medir hasta 70 centímetros de altura posee un color medio rojizo, abunda en las épocas de lluvia. Algunos los conocen como *quintonil blanco, rojo o pinto,* dependiendo de la coloración de sus hojas.

Se usa para eliminar dolores de estómago y curar la diarrea, y para irritación de garganta.

Pápaloquelite.-O **Pápalo** a secas, se usa desde épocas prehispánicas. Comer sus hojas crudas es un deleite y cocinadas son muy sabrosas. Es usado en las semitas poblanas. En la medicina tradicional se usa para problemas del hígado.

Verdolaga.- Las verdolagas, unos de los quelites más conocidos, son usadas en el popular plato de **cerdo con verdolagas.** También son muy sabrosas crudas en ensaladas. En la medicina tienen muchos usos, por lo que hablaremos de ellas en particular en la siguiente edición.

Huauzontle.- Entre sus propiedades medicinales destaca su poder digestivo. Una de las formas más comunes de prepararlo es capeado en un caldillo de jitomate.

Alache... En la medicina tradicional se usa para aliviar problemas respiratorios y estomacales.

Chaya.- Poca gente consume las hojas de chaya, su sabor se asemeja al de la col y su uso. Al igual que la mayoría de los quelites, data desde épocas prehispánicas. Y también le dedicaremos un capítulo aparte.

Hoja santa Ésta hoja aromática, da un sabor espectacular a los platos a los que acompaña y en la medicina tradicional tiene muchos usos; ayuda a resolver problemas en la piel, aumenta la producción de leche materna, ayuda con los trastornos digestivos, entre otros usos.

Chepil o chipilín.- Ingrediente indispensable en el sureste de México para hacer ricos tamales, arroz, y la sopa de Chepil. Es un alimento lleno de hierro, calcio, complejo B y vitamina C.

No importa cuales quelites prefieras, estas hierbas que algunos consideran perjudiciales en las plantaciones, son súper nutritivas, deliciosas y medicinales. No duden en comprarlos, son baratos y guardan la tradición y mucha historia que vale la pena conservar..............

VERDOLAGA

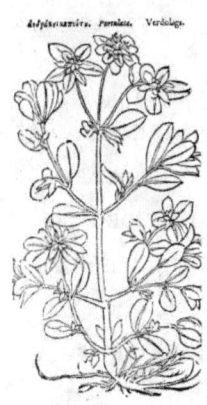

Verdolaga, su nombre elegante o científico es *Portulaca oleracea L.*

Es una planta de crecimiento rastrero, así que se debe de lavar bien antes de consumirla. Se puede consumir cruda o cocinada formando parte de platos con varios otros componentes. Como con muchos otros alimentos, el consumo de verdolagas no debe ser excesivo, pues por sus contenidos de oxalatos y alcaloides, podría causar problemas de salud a algunas personas.

La verdolaga es originaria de la India y del Oriente Medio, pero está naturalizada en casi todo el mundo; en muchos lugares se le considera una maleza. Se tienen antecedentes de estar presente en la América del Norte precolombina y se ha empleado desde hace largo tiempo como planta medicinal.

Como alimento crudo tiene un sabor ligeramente ácido y salado; se consume mucho en gran parte de Europa, Australia, Asia y México

En México, cocinadas con carne de cerdo y salsa verde, son un platillo tradicional.

Los aborígenes australianos la usan para preparar su pan tradicional, consiguiendo harina de las semillas disecadas, esa harina se puede usarse en pasteles.

Los tallos se pueden encurtir en vinagre.

Tiene muy buenas cantidades de mucílagos, altas proporciones de ácidos grasos Omega 3, vitaminas varias, carotenos, magnesio, calcio, potasio. Tienen dos tipos de pigmentos alcaloides betalainas: el betacianina rojizo (visible en la coloración de los tallos) y el betaxantina amarilla (en sus flores y el ligero amarillento de sus hojas). Ambos tipos de pigmentos son potentes antioxidantes y han demostrado propiedades antimutagénicas en estudios de laboratorio.

Uso externo.-

Colirio ocular.- Alivia las irritaciones de los ojos cansados (Exprimir la planta tierna y aplicar un emplasto con polenta sobre los ojos)

Calmante.- Atenúa los dolores de vientre (Aplicar una cataplasma de hojas hervidas sobre el vientre).

Afecciones de la piel.- Se pueden preparar infusiones bien concentras de hojas de Verdolaga. Se emplean en forma de tópicos para curar heridas, úlceras, eczemas y otros problemas cutáneos más específicos tales como: gingivitis, estomatitis, forúnculos, abscesos, reumatismo, grietas en los labios, conjuntivitis.

Uso interno.-

Se ha considerado tradicionalmente que lo más importante de destacar en la verdolaga es la abundancia de mucílago; secundariamente se considera sus contenidos de saponinas, sales, proteínas y algo de ácido ascórbico (vitamina C). Este mucílago confiere a la planta propiedades laxantes. En la actualidad ha pasado a tener importancia su alto contenido de Omega 3.

Popularmente se le ha empleado como laxante, diurético, demulcente, hipoglucemiante, antihelmíntico y anafrodisíaco. En el tratamiento del estreñimiento, cistitis, uretritis, urolitiasis, edemas, resfriados, bronquitis, gastroenteritis, diabetes, parasitosis intestinales.

El secreto de su acción principal, la de laxante, es el mucílago, que trabaja arrastrando los deshechos del sistema digestivo; se señala que para que eso ocurra se deben ingerir cantidades notables de agua que faciliten su acción.

Con fines medicinales se puede consumir la hierba cruda, como cualquier verdura acompañando ensaladas, o bien tomarla en té. Una cucharada de la planta en una taza de agua hirviendo es cantidad suficiente. Tres tazas al día es la medida justa para experimentar sus propiedades.

Anticancerígena: Se están estudiando las posibles virtudes del jugo de esta planta como inhibidor del crecimiento de tumores. Lo que puede ser por su contenido del ácido graso Omega 3.

Depurativa: Depura la sangre y combate las inflamaciones que afectan a las vías urinarias. En este sentido su poder emoliente, también gracias a la gran cantidad de mucílagos que posee la planta. (Machacar las hojas tiernas para extraer el jugo. Tomar unas 3 cucharadas al día). Este mismo preparado se utiliza para ayudar a disolver los cálculos renales.

Diurética: Favorece la eliminación de líquidos corporales, al hacer trabajar más a los riñones, siendo muy adecuada en casos de obesidad, enfermedades reumáticas y cardiacas que se asocian con la acumulación de agua en el cuerpo. (Infusión en ayunas de unos 15 gr. de hojas frescas por vaso de agua).

Una infusión para consumo interno, está indicado también para el tratamiento de problemas hepáticos y digestivos, desde luego como diurético e incluso como estimulante.

Infusión. Se prepara a razón de una cucharada de la planta fresca en una taza de agua hirviendo. Se toman unas 3 tazas al día, repartidas en las principales comidas.

Se puede comer a diario los indígenas otomíes la consumen mucho desde siempre y no conocen qué es el cáncer gracias a esta maravilla, ellos usualmente lo cocinan variadamente con salsas picantes a base de ajo y cebolla con chiles asados o hervidos. Aproveche y ¡Provecho!

TABACO

FUE "HIERBA SANTA" Y "REMEDIO DE DIOS"
HOY ES PLANTA CAUSANTE DE MUCHOS MALES

Hoy cuesta creer que la planta del tabaco sea medicinal, pero sí lo es, y en un tiempo fue muy apreciada.

Con el descubrimiento del Nuevo Mundo llegaron muchas plantas nuevas a Europa y todas las hierbas se consideraron útiles y medicinales y también el tabaco fue utilizado para tratar muchas dolencias y enfermedades, al grado que la famosa *Nicotiana* adquirió una reputación como una panacea, hasta llegó a ser llamado el tabaco *'Remedio de Dios'* y la *'hierba Santa'.*

El nombre de tabaco se le dio por error a la planta. Tabaco era el nombre de la pipa de caña que usaban algunos nativos americanos para fumar el humo de la planta ese era el *tabaco, tavaco* o *tobago,* con dos ramas para las fosas nasales. La planta fue también llamada *petum, betum, cogioba, cohobba,* **cohiba** *quauhyetl, picietl o yietl.*

En lo que es ahora Cuba los españoles notaron gente que llevaba una antorcha ardiente que contenía la planta de tabaco, y el objetivo era desinfectar y ayudar a alejar la enfermedad y fatiga. Fumar el tabaco causaba pérdida de la conciencia. Colón lo observó, y es de pensar que esta propiedad fue utilizada como un anestésico para las operaciones frecuentes en aquellos tiempos.

Los nativos también usaban el tabaco, probablemente mezclado con cal o tiza, como una crema dental para blanquear los dientes, según observó por el año 1500 Américo Vespucio en Venezuela. Esta práctica continúa hoy en día en India, donde el tabaco en polvo, o *masheri*, se frota en los dientes para blanquearlos, y pasta de tabaco se vende en los mercados.

Pedro Álvarez Cabral, en Brasil, informó el uso de la hierba betum para tratar abscesos ulcerados, fístulas, úlceras, pólipos empedernidos y muchas otras dolencias y fue el que dijo que se llamaba *la hierba Santa* debido a su poderosa virtud en casos desesperados.

En 1529, Bernardino de Sahagún, recogió información de cuatro médicos mexicanos sobre el uso medicinal del tabaco y registró que respirar el olor de hojas verdes frescas de la planta alivia dolores de cabeza persistentes. Para los resfriados y catarros, hojas verdes o en polvo se deben frota alrededor de dentro de la boca. Enfermedades de las glándulas en el cuello podrían ser curadas cortando la raíz de la lesión y colocar en ella una plasta caliente de hojas de tabaco mezcladas con sal, en el mismo lugar.

Luego vino Jean Nicot. Por el año 1560, el embajador francés en Lisboa, Jean Nicot, recibió como regalo una planta que fue descrita simplemente como una extraña planta de Florida. El Embajador la plantó en su jardín donde *"creció y se multiplicó maravillosamente"*. Luego, cuando un sirviente de Nicot que tenía en la mejilla un feo grano que comenzaba a enraizarse en los cartílagos de la nariz, le aplicaron hojas de tabaco magullado y con todo y jugo. Nicot ordenó el tratamiento por ocho o diez días y al final la fea mancha había sanado. Cuando Nicot regresó a Francia, se convirtió en promotor infatigable de la planta del tabaco en la que tenía mucha fe para curar todas las afecciones de la piel, ulceraciones y hasta carcinomas. Logró muchas curaciones bien documentadas a base de aplicación de hoja de tabaco y su jugo. Mandó la hierba a rey Francis II, a la reina madre y muchos señores de la corte de modo que Jean Nicot llegó a ser conocido como el ***Embajador de la hierba...*** que se vino a llamar **nicotiana tabacum** y el alcaloide del tabaco, **nicotina**, en honor de Jean Nicot.

Una receta de ese tiempo era: *"Tomar una libra de hojas frescas de la dicha hierba, macháquelas y mézclelas con un Waxe, Rosine, aceite común, por cada tres onzas, déjelas hervir en conjunto, hasta que el jugo de la Nicotiane se consuma, entonces añada tres onzas de tremen-*

tina de Venecia, cuele todo a través de un paño de lino y manténgalo en frascos cerrados para su uso".

Beneficios del Tabaco.-

Contra las hemorroides: La maceración de las hojas y su uso externo se sigue recomendando para combatir problemas de la piel cutáneos y las hemorroides, esto debido a si acción irritante

También el jugo de las hojas es utilizado para contrarrestar los **problemas neurálgicos.**

Como vomitivo: El tabaco es un gran narcótico, sedante y vomitivo. Su acción gangliopléjica ayuda a relajar el sistema nervioso.

A nivel digestivo: Es recomendado para los tratamientos de parásitos intestinales.

Usado contra todo tipo de parásitos y gusanos.

Los emplastos con las hojas son aconsejables para las contusiones, golpes e incluso en tratamientos para el reumatismo o el cáncer.

También se utiliza frecuentemente en casos de erisipela.

Otros usos: En veterinaria la maceración de las hojas en agua resultan un gran insecticida para eliminar los parásitos cutáneos del ganado.

Los beneficios del uso externo del tabaco se pueden resumir: Útil a nivel dermatológico, endocrino, urinario, cardiovascular, reumatológico y digestivo.

MUICLE

El nombre científico de esta planta es *Justicia spicigera Schechtendal,* no muy conocida, pero muy medicinal, algunos la llaman *La planta de la insulina,* aunque hay otra llamada así también...

El muicle crece desde México hasta Colombia. La planta mide hasta 2 m de altura, con el tallo muy ramificado y hojas alargadas. Sus flores originan frutos con forma de cápsula.

Las partes del muicle que más se usan como remedio medicinal son las ramas, hojas y flores.

Desde la antigüedad se le han adjudicado propiedades para curar desde un dolor de estómago, granos o un cólico menstrual, hasta sífilis, tumores, leucemia y cáncer cervicouterino.

Ya en el siglo XVI, el naturista Francisco Hernández relataba que se empleaba como antidisentérico, antiescabiático, (contra la sarna) antigonorreico, antipirético (contra fiebres) y para las metrorragias (sangrados del útero).

La Sociedad Mexicana de Historia Natural, en el siglo XIX, vuelve a señalar el Muicle como antidisentérico y se le añaden usos como antiepiléptico, contra la apoplejía, antiespasmódico, antiinflamatorio, antidiarreico, útil durante la menopausia y para fortalecer de los nervios.

El té de flores y hojas muicle posee muchas propiedades medicinales.

Para hacer el té se pican 2 a 4 hojas, como si se tratara de cilantro para echarle a las comidas, bien menudito. Es importante que se haga en la mañana. Se ponen las hojas picadas en una taza de agua hirviendo y se deja reposar. A eso de las 3 o 4 de la tarde se cuela y se toma el líquido todos los días. Uno de los grandes beneficios es que reduce en parte los efectos de la diabetes, así lo demuestran varios estudios realizados en Estados Unidos y Colombia. Alguien da testimonio que tomando diariamente té de Muitle de 100 unidades de insulina que se inyectaba todos los días pasó a 20.

El té se recomienda también para tratar la presión arterial, para componer, clarificar o desintoxicar la sangre. Ayuda a que se aumente la hemoglobina en la sangre, favoreciendo también el fortalecimiento de plaquetas, y defensas del cuerpo mediante el aumento del torrente sanguíneo.

Otros usos: Para curar la sífilis y en tratamiento del cáncer de útero.

Se emplea también para trastornos del sueño y trastornos mentales.

Tomando por la mañana el cocimiento de las ramas se utiliza para problemas digestivos y algunos lo usan como agua de uso.

Es gran ayuda en afecciones respiratorias como tos, gripa y bronquitis y constipados comunes.

Otros empleos comunes del muicle son para dolores de cabeza y de riñón, anemia, mareos y para la desinflamación de golpes.

Muy útil en casos de insomnio, ya que contribuye a que el cuerpo en general logre relajarse en forma parecida al té de níspero o té de orégano.

En épocas prehispánicas se usaba en la colonia y como tinte natural. Recientemente, se le vuelto a usar como tinte natural en la industria textil.

Algunas mujeres utilizan el té de muicle para disminuir el flujo de la menstruación y quitar los molestos cólicos menstruales

Hay estudios que establecen que su el consumo regular de té de muicle ayuda a combatir la anemia, recuperando todo aquello que el cuerpo ha ido perdiendo por dicha enfermedad.

También es usado el té de Muitle para combatir los mezquinos y verrugas que suelen aparecer en algunas zonas corporales.

Tradicionalmente algunas personas han creído que la infusión de muicle también ayuda a combatir los espíritus y sustos, por lo que cuando lo

consideraban necesario tomaban este té para ale-
jarlos y volver a la normalidad.

RESUMIENDO.- El muicle ayuda a comba-
tir la anemia y la mala circulación sanguínea.
•Reduce los efectos de la diabetes
• Alivia trastornos menstruales
•Combate la anemia
•Contribuye a purificar la sangre
•Alivia dolor de cabeza
•Se utiliza para aliviar trastornos menstruales
como son el dolor de estomago. Ataca las afec-
ciones respiratorias como tos, gripa, bronquitis.
•También para los trastornos metabólicos de
la sangre, como la gota.
•El machacado de las ramas o el cocimiento
caliente sirve para la piel.

La planta, parecida al muicle, *Costus Igneus*, es la que
es más conocida por la población en general como *planta
de insulina*. Es más pequeña que el muicle, de hojas del-
gadas, crece rápida e intermitente en áreas soleadas durante todo el año, alcanzando una altura de unas 6 pulgadas,
tiene una extensión indefinida.

La gente que conoce sus beneficios toma dos a tres
hojas, dos veces al día para el tratamiento de la diabetes,
dos en la mañana y dos por la noche durante una semana,
los médicos naturistas recomiendan masticarlas bien antes
de tragarlas, después de que se concluye la semana se toman una hoja en la mañana y otra en la noche por 30 días
más.

LA PERA

Hay quienes afirmen que en la edad de piedra ya comían peras. Sin embargo, las que nosotros conocemos se cultivaron por primera vez en Europa suroriental y en Asia occidental desde el año 2000 a. C. Aunque todo parece indicar que la pera proviene de Asia occidental y el mar Caspio y que su cultivo podría remontarse hasta 40 siglos atrás. Se encuentran referencias en textos griegos. Homero menciona perales en sus narraciones. Es árbol que vive mucho, algunos a los cien años pueden seguir dando frutos.

Se desconoce el número exacto de variedades de peras, pero nomás en Europa se han contado hasta 5,000 especies, lo cual parece exagerado, pero sí hay muchas y varían tanto en forma como en color. Las formas van desde las de cuello largo y forma oval, la pera ordinaria alargada y otras más redondas. Los colores estas frutas van desde el verde brillante, pasando por tonos dorados, marrones y rojizos hasta alcanzar negros verdosos.

El peral silvestre puede alcanzar más de 20 metros de altura.

En América los árboles de pera se plantaron por vez primera a principios del siglo XVI y hoy en día se cuenta con una amplia gama de especies siendo las cuatro más comunes las siguientes: *Anjou,* grandes, de forma oval y de cascara verde claro a verde amarillo, lisa y delgada en el exterior. *Bartlett,* de forma de campana, cambian su color del verde al amarillo cuando maduran. También hay una variedad que toma un tono rojo encendido cuando madura. *Bosc,* son de cuello y rabillo largo, cascara color marrón o ciruela. *Comice,* son redondas y de cuello y rabillo corto. Son grandes y de cascara amarillo verdoso que algunas veces presenta un ligero rubor.

Las peras son una excepción a la regla general de que las frutas que se maduran en el árbol son las mejores: Las peras cortan cuando han alcanzado todo su tamaño pero aún estando verdes, y llegan a alcanzar su más fina textura y sabor cortadas del árbol.

Propiedades nutritivas.- La pera contiene minerales como cobre, hierro, manganeso, yodo y arsénico silicio, cloro, yodo y manganeso, ácido málico y cítrico y boro. No contiene gran cantidad de vitaminas, pero sí oligoelementos, fibra, carbohidratos, tanino y pectina.

Beneficios de la Pera.- • Debido a que la pera estimula la producción de saliva y jugo gástrico, aporta grandes beneficios a nivel digestivo, sobre todo en los niños pequeños en la transición de la leche materna a la comida sólida, ya sea en jugo o compota, pero se deberá estar atento a la tolerancia del bebé a la fruta, pues en algunos niños puede ocasionar estreñimiento.

• Es posible controlar con el jugo de pera algunas diarreas leves.

• Algunos afirman que previene los accidentes cerebro-vasculares, estabiliza la tensión arterial y ayuda a aminorar los síntomas de la menopausia.

• El consumo habitual de la pera ayuda a purificar la sangre, controlar el colesterol, e incluso algunos especialistas afirman que previene problemas de la próstata, evita la anemia e higieniza los riñones.

• En casos de deshidratación es aconsejable licuar peras, sin el membrillo y las semillas, con de jugo de zanahoria, esto ayuda a hidratar rápidamente los tejidos.

• La pera ayuda a quienes sufren de retención de líquidos o enemas de origen circulatorio o por causa de problemas con el riñón.

• Beneficia a las personas que desean adelgazar o eliminar grasas.

• También estimula los movimientos peristálticos de los intestinos favoreciendo la evacuación normal.

Otros remedios populares con pera

Retención de líquidos o hidropesía: Comer peras (crudas o cocidas) por el elevado exceso de potasio y la falta de sal. Igualmente, se puede combinar con leche descremada, yogur, y pan integral.

Para adelgazar: Consumir peras crudas y cocidas en lugar de las comidas habituales por dos días a la semana. Si desea sólo mantener el peso puede consumirla en combinación con leche descremada, yogur, leche ácida y pan integral.

Para el estreñimiento: Consumir tres peras al día para combatir el estreñimiento y también favorece la flora intestinal.

Para la anemia: Licuar con un vaso de leche pedazos pera y chabacano. Beberlo diario, especialmente por la mañana, durante 10 días.

Para la resaca o cruda: Tomar un vaso de jugo de pera o comer la fruta antes de tomar licor, puede ayudar a evitar el dolor de cabeza característico de la cruda.

Para la gastritis: Consumir peras ralladas frescas, calma la sensación de ardor que produce la gastritis.

GIRASOL

La flor gira durante el día, dando siempre su cara al sol, gira con el sol... por eso su nombre, en inglés es "flor sol" (sunflower).

Se cree que el Girasol es originario de México y Perú, y fue una de las primeras plantas en ser cultivadas por los nativos americanos. Las semillas del girasol se han utilizado desde hace más de 5,000 años como alimento y como fuente de aceite.

Los exploradores españoles llevaron los girasoles a Europa, y de España se introdujeron posteriormente a otros países europeos. Actualmente, el aceite de semillas de girasol es uno de los aceites más populares en el mundo.

Beneficios del aceite de girasol.-El aceite de girasol se fabrica prensando las semillas del girasol y el resultado es un aceite que contiene, entre otros nutrientes: Ácidos benéficos, una gran cantidad de vitamina E que hace del aceite de girasol es un antioxidante natural.

— Ayuda a retrasar el envejecimiento celular previniendo enfermedades degenerativas.

— Ayuda a mantener la salud del corazón, a prevenir infartos, angina de pecho y enfermedades cardiovasculares en general.

— El consumo frecuente de aceite de girasol disminuye el colesterol malo y aumenta el nivel del colesterol bueno.

— Tiene una acción benéfica sobre el sistema Nervioso, lo que resulta favorable para quienes padecen de Alzeimer o Esclerosis multiple.

— Para artritis, hacer masajes con el aceite tibio.

— Baja el nivel de colesterol en la sangre.

Beneficios de las semillas de girasol.

El consumo diario de semilla de girasol de un puñado o más fortifica las encías.

Para la jaqueca: Preparar un té de las semillas.

Fortifica el organismo y curan el raquitismo.

Un cocimiento de semillas tostadas tiene una acción hipotensiva, espasmódica y tónica del sistema nervioso.

Las semillas de girasol contienen una gran cantidad de nutrientes que promueven la salud y que son ideales para una merienda saludable. Se encuentra fácilmente en los supermercados y tiendas de alimentos y son relativamente baratas. Tienen un sabor de nuez suave y su textura es firme pero tierna a la vez.

Las semillas de girasol son relativamente altas en calorías, si se consumen grandes cantidades, pero lo ideal es que se consuman en pequeñas cantidades como un bocadillo para frenar el hambre. Una cuarta parte de una taza contiene poco más de 200 calorías.

VALOR NUTRICIONAL.- Las semillas de girasol proporcionan ácidos, vitaminas, fibra dietética, algunos aminoácidos, especialmente. Además, son ricas en fitoesteroles que reducen el colesterol. Por otra parte, las semillas de girasol cuentan con un índice glucémico bajo, así como altos niveles de proteínas y minerales como el magnesio y el cobre.

BENEFICIOS PARA LA SALUD.- •*La vitamina E del girasol* es un antioxidante soluble en grasa, y destruye los radicales libres en el cuerpo, a los que se les acusa de la oxidación en el cuerpo. • Tiene propiedades anti-inflamatorias. Esto es útil en el alivio de los síntomas de asma y artritis. • Reducir el riesgo de contraer cáncer de colon. • Reduce el riesgo de ataque al corazón y enfermedades del corazón significativamente. • Reduce el colesterol en la sangre.

Los fitoesteroles • Fortalecen el sistema inmune. • Reducen el riesgo de contraer algunos tipos de cáncer.

Beneficios para la salud de magnesio • Reduce el riesgo de ataque cardíaco y accidente cerebro-vascular. • Reduce los síntomas de asma. • Reduce la presión arterial. • Evita los dolores de cabeza tipo migraña. • Evita los espasmos musculares y calambres.

Beneficios para la salud de selenio.- • Evita que las células cancerosas se formen • Promueve las células sanas

Las semillas de girasol son pequeñas, pero grandes aliadas en nuestra salud.

Consuma estas semillas, naturales o en aceite y usted también le dará la cara al sol con alegría de vivir... sano

ACEITILLA

A la aceitilla se le conoce como *Acahual, acahual blanco, amor seco, cadillo, cruceta, mosote blanco, mozoquelite, mozote, roció, rosilla, té de milpa blanco, Té de Veracruz.* Hay muchas variedades todas llamadas científicamente *"bidens"* (dos dientes) *Bidens leucantha,* **bidens pilosa,** es una de las más comunes y *bidens tetragona* es la única que debe de llevar el nombre de té de milpa.

La aceitilla es originaria de México y Guatemala; es una hierba del camino, una maleza común en terrenos de cultivo, de los barbechos, a veces considerada como plaga cuando no se aprovechan sus beneficios.

Planta anual va de medio metro a metro y medio. Tiene tallos angulosos de color púrpura. Sus hojas suelen estar divididas como en cinco pequeños fascículos. Sus cabezuelas son parecidas a la margarita, las 5 flores de alrededor presentan lengüetas blancas con líneas púrpuras, mientras las centrales son flores tubulosas y amarillas. Los frutos son largos y angostos, van del color café al negro.

Los primeros naturistas pusieron la aceitilla en el grupo de plantas llamadas *acocotli bidens.* Y desde luego se le dio la propiedad de diurética a la aceitilla. Según el naturista español Hernández también se usaban las raíces de los acocotlis para sedación y enfermedades del estómago.

Aunque lo más usado son las flores en té, también el té de las hojas tiene aplicaciones medicinales. Se utilizan contra la icteria, en sabañones, como tranquilizante y antipiréticas. Algunos dicen que el té de aceitilla cura la diabetes.

Las mujeres la usan como lavado para el tratamiento de flujos vaginales.

Se usa en té como tónico nervioso y cerebral, *"para tranquilizar los nervios y para todas las molestias que se producen por los problemas diarios"* (estrés).

Muy útil en el tratamiento de diversos desórdenes del aparato digestivo, tales como diarrea, vómito, dolor e infección estomacal.

Se prescribe la aceitilla en otras alteraciones orgánicas como dolor de huesos, de cabeza y dolor de riñón. También para heridas, diabetes, mal de orín, anemia, irritación de la piel, contra la caída del cabello y en caso de "susto" o "espanto". Se le atribuyen propiedades anti inflamatorias. Se destacan sus virtudes antidepresivas, antifungicida, antibacteriana, diurética ligera, protectora del hígado, mantiene los niveles de azúcar en la sangre, ayuda a mantener normal la presión sanguínea; es cicatrizante, ayuda en problemas de la piel, aftas, previene el cáncer de colon y de estómago; y tonifica los nervios y el cerebro.

Por lo mismo se usa como terapia en las afecciones nerviosas, tales como la histeria, neurastenia, depresión nerviosa causada por pesares o afecciones morales; en los estados de cansancio intelectual.

También es usada en algunos casos de alergia y en las enfermedades venéreas y el flujo vaginal.

La infusión de sus flores y hojas se emplea para curar enfermedades de la vejiga, estreñimiento, cálculos renales y diabetes.

Aunque las propiedades que más se destacan de la aceitilla son sus virtudes antidepresivas, diurética ligera y tónica nerviosa y cerebral, tiene muchas más aplicaciones. En Cuba se usa como antiséptico, diurético, para catarros y contra úlceras, y en México, entre otras muchas cosas, para el empacho de niños.

Tradicionalmente, y no sólo por su color encarnado, se usa el té de flor de aceitilla como un buen reconstituyente que oxigena y purificaba la sangre y, consecuentemente, todo el organismo.

La aceitilla atrae a mariposas, y ocasionalmente es cultivada nomás para ese fin. Pero también es manjar preferido de las abejas y la miel de flor de aceitilla es buscada por los conocedores del sabor y beneficios que proporciona.

Los apicultores llevan sus colmenas a las áreas del altiplano mexicano en los meses de agosto-septiembre a dichas áreas para esperar esa codiciada cosecha de miel dorada proveniente de las flores de aceitilla que necesitan para producir abundante néctar que las noches sean frías y los días sean calurosos. Esta miel se destina principalmente a la exportación, sobre todo a Europa, donde gustan de este tipo de miel que granula o cristaliza con suma facilidad y denota así su grado de pureza.

Si las abejas saben de los beneficios de estas flores, aprende de ellas y empieza a saborear un té de aceitilla, me darás la razón de que es bueno, sabroso, y benéfico para tu organismo. Yo te recomiendo el té de aceitilla...

JAMAICA

ROSA DE JAMAICA - *Hibiscus sabdariffa* la llaman los científicos, el pueblo la llama hibisco, roselle, rosella, flor de jamaica o simplemente "jamaica". Es una planta herbácea anual que puede alcanzar de 3 a 5 metros de altura y tiene unas flores de 8 a 10 cm. de diámetro, que están en la unión del tallo, los pétalos son amarillos con una mancha roja oscura en el centro o base y los envuelve un cáliz con forma de copa de color rojo brillante y carnoso. Los cálices se recogen en el momento en que alcanzan un tono vinoso y son la parte que más se usa de la planta.

Originaria de África tropical, desde Egipto y Sudán hasta Senegal, se ha extendido por todos los climas tropicales del mundo. Fue introducida a América por Panamá, por inmigrantes jamaiquinos.Se le conoce también como **saril** que proviene de sorrel, del nombre árabe *sahel* con que se denomina una región de África.

Originalmente, se prepara un refresco que se consumía principalmente en Navidad haciendo una infusión de cálices de esta planta con jengibre, conocido popularmente como *"chicha de saril"*.

Beneficios medicinales de la jamaica.-

La flor de Jamaica se puede consumir en té, aguas frescas, en ensaladas y las hojas se pueden consumir como espinacas. Entre los muchos beneficios que se atribuyen destacan los siguientes:

• Controla la hipertensión arterial, por sus propiedades diuréticas.

• Su acción laxante, la convierte en un remedio eficaz contra los parásitos intestinales.

• Depura al organismo eliminando el exceso de toxinas del cuerpo.

• Evita la formación de piedras en el riñón.

• Previene la aparición de ateroesclerosis, ya que reduce y controla la concentración de colesterol y triglicéridos en sangre.

• Desinflama el estómago, disminuyendo la sensación de ardor y dolor estomacal.

• Ayuda a perder peso a través de su acción depurativa y diurética.

• Controla la absorción de glucosa por parte del intestino, lo cual reduce su concentración en sangre.

Hay que tener en cuenta que la función diurética de la flor de Jamaica consiste en ayudar a eliminar toxinas a través de la orina. Es ideal para aquellas personas que sufren de retención de líquido, lo cual es notorio cuando hay hinchazón en los párpados, pies, o en otras partes del cuerpo. Sin embargo la Jamaica no es para adelgazar.

Puede ayudar por su efecto de hacer ir muchas veces al baño, pero ese un beneficio accidental, sirve para limpiar los riñones y obviamente al ingerirla, generará más orina. Le sirve a aquellos que sufren de arenillas, problemas en los riñones, pero sobre todo para las personas que retienen líquido.

El espectacular color rojo que tienen los cálices de la flor de Jamaica está proclamando la riqueza en antocianinas, compuestos altamente antioxidantes, por lo que le ayuda al organismo a prevenir una cantidad de enfermedades.

Tomar té de Jamaica ayuda en el tratamiento para reducir el colesterol dañino, a la vez que regula la presión sanguínea. También fortalece el sistema inmunológico con cantidades importantes de vitaminas A y C, hierro, fósforo y calcio.

La Jamaica contiene sustancias específicas que actúan contra las células cancerígenas sin dañar las buenas.

Consumir agua de flor de Jamaica evita la retención de líquidos. Sus sales minerales hidratan al organismo. Por eso los deportistas cambian el agua mineral por un té frío de Jamaica. La puedes preparar agregando 10 gramos de la flor en medio litro de agua y hervir durante 15 minutos, se cuela y luego se le añaden dos litros de agua.

Puedes probarla Jamaica en esta ensalada: Pon 15 gramos de flores de Jamaica secas en agua hasta que estén blanditas. Después de escurrirlas, agrégales un ajo macerado. Aparte, pica hojas de lechuga condimentándolas con un poco de limón, sal y pimienta. Mezcla con las flores de Jamaica y ponle aceite de oliva al gusto.

Es muy usada para aliviar el dolor de estómago, así como la mala digestión ocasionada porque *"cayó mal la comida"* o por comer demasiado, además se usa para ayudar a expulsar los aires que se originan también por comer demasiado.

Tomar extracto de la planta disminuye la velocidad de absorción del alcohol, disminuyendo la intensidad de sus efectos.

Contraindicaciones.- Si está tomando medicamentos contra el cáncer, usar té de jamaica, ya que puede tener un efecto aditivo sobre el tratamiento.

También puede alterar los efectos de algunos medicamentos anti-inflamatorios.

BETABEL - REMOLACHA

Remolacha también es conocida como: *betabel, betarraga, beterraga, acelga blanca, y* otros nombres. Su nombre científico es *Beta Vulgaris*, y a pesar de existir numerosas variedades de esta planta, las más reconocidas son la remolacha de jardín y la remolacha azucarera. Se trata de una hortaliza bienal de raíz redonda, la cual se ramifica en hojas ovaladas, que suelen ir del color verde opaco al pardo rojizo. Sus pequeñas flores se acumulan en espigas en los extremos de los tallos, y el fruto se encuentra cubierto por una envoltura seca y de forma irregular. La parte más utilizada suele ser la raíz, la cual tiene forma cilíndrica o cónica y su color puede ir del rojo hasta el morado oscuro.

La remolacha o betabel y las acelgas pertenecen a la misma familia y poseen amplias similitudes tanto en textura como en sabor.

Se cree que la remolacha silvestre tiene sus orígenes en la prehistoria al norte de África, de donde se extendería posteriormente a las costas de Asia y Europa. Se cree que los romanos fueron los primeros en cultivar esta planta para consumir sus hojas y alimentar animales, pero fue hasta el siglo XVI cuando el consumo de la raíz se hizo popular.

En el siglo XIX se empezaron a aprovechar en grande las concentraciones de azúcar de la remolacha. Se crearon las primeras fábricas de azúcar de remolacha en Polonia. Tiempo después, cuando los británicos restringieron el uso de caña de azúcar, Napoleón decretaría que la remolacha se utilizaría como única fuente de azúcar. Posteriormente llegaría a los Estados Unidos y el resto del continente americano. En la actualidad los principales productores de remolacha son Estados Unidos, Polonia, Rusia, Francia y Alemania.

La remolacha es rica en vitamina C, B1 y sacarosa. Es recomendada en tratamientos contra la anemia, en la prevención de enfermedades de la sangre y en casos de debilidad o convalecencia gracias a sus grandes concentraciones de hierro. Para esos casos: Ponga en la licuadora 1 remolacha, ½ limón, 1 zanahoria, ½ manzana y una cucharada sopera de levadura de cerveza, licúe y beba en ayunas, esto ayudará a mejorar la vitalidad y reponer energías.

Posee cualidades como laxante, por lo que es útil para combatir el estreñimiento y aliviar las hemorroides. Es efectiva para controlar las infecciones de la vejiga urinaria y para mejorar las funciones hepáticas.

Algunos estudios revelan que el consumo diario de ½ litro de jugo de remolacha no solo disminuye las posibilidades de sufrir enfermedades de la sangre, como la hipertensión arterial, sino también contribuye en las funciones cerebrales, pues tiene una sustancia que ayuda a mejorar el contacto entre las terminales cerebrales, lo que incrementa la velocidad de respuesta.

Se recomienda para el control de peso, debido a su bajo valor calórico. Gracias a su contenido de ácido fólico y vitamina B6, los cuales son primordiales a la hora de estimular los procesos en el crecimiento de los tejidos, el consumo frecuente de ensaladas hechas con remolacha estimula la formación adecuada del tubo neural del feto en las primeras semanas de gestación.

La *betacianina* es el pigmento que le da a la remolacha su color rojizo característico, y se ha demostrado que es un poderoso agente contra el cáncer, en especial el de colón. También es de gran beneficio para el corazón, pues disminuye los niveles de colesterol y triglicéridos.

Las remolachas contienen una variedad de nutrientes únicos que impulsan la salud y que probablemente no obtiene de otras fuentes. Además, también son deliciosas.

Aunque la remolacha tienen el contenido más alto de azúcar de todos los vegetales, la mayoría de las personas pueden comer sin ningún problema las raíces de remolacha un par de veces a la semana (y sus hojas en cantidades ilimitadas), Ayuda a:

Bajar la Presión Arterial Un jugo de betabel o remolacha puede ayudar a reducir la presión arterial en cuestión de horas.

Da energía al instante... Combate la inflamación.- Ayuda a proteger las células, proteínas y enzimas del estrés ambiental. Ayuda a combatir la inflamación y a proteger los órganos internos.

Propiedades Anticancerígenas.- Los poderosos fitonutrientes que le proporcionan a las remolachas su color carmesí pueden ayudar a evitar el cáncer

Rica en Valiosos Nutrientes y Fibra.- Las remolachas tienen alto contenido de estimulación inmunológica de vitamina C, fibra y minerales esenciales como el potasio (esenciales para el nervio sano y la función muscular) y manganeso (que es bueno para los huesos, el hígado, los riñones y el páncreas).

Apoyo para la Desintoxicación.- Tradicionalmente, la remolacha era valorada por su apoyo para la desintoxicación y ayuda para purificar la sangre y el hígado.

De bonito color, de agradable sabor y además, energética y saludable... ¿Qué esperas para comer betabe,l si no te gusta decirle remolacha?

NANCE

Nance es la fruta del árbol cuyo nombre científico es *Byrsonima crassifolia,* de la especies de Byrsonimas más conocido y que se han consumido por siglos por los indígenas del sur de México, de Centroamérica y el norte de América del Sur.

El Nance es también conocido con infinidad de nombres vernáculos como: *changugu, chi, nance agrio, nanche, nanchi, nancen, nananche, y nantzin* nomás en México; en otros países recibe otros tantos nombres.

Más que árbol es un gran arbusto de crecimiento lento, que puede sobrepasar los 30 pies de altura (10 metros). Crece bien en arena y roca y tolera las sequías prolongadas, una razón por lo que es tan común. Se cultiva principalmente en el sur de México a través de la vertiente del Pacífico de América Central, en Perú y Brasil. También se cultiva en Trinidad, Barbados, Curazao, San Martín, Dominica, Guadalupe, Puerto Rico, Haití, la República Dominicana y en toda Cuba y la Isla de Pinos.

La fruta es una baya pequeña esférica con un diámetro de 1 a 2 cm. Crecen en racimos y se vuelven de color naranja o amarillo cuando están maduros. Estas frutas son de sabor dulce o agrio, dependiendo de terreno y el cultivo. Tiene un olor peculiar, y puede no ser muy agradable en sabor. Tiene una piel fina y pulpa blanca, jugosa y aceitosa.

Beneficios medicinales del Nance.

La corteza.- La corteza del árbol de Nance se utiliza tanto interna como externamente con fines medicinales.

El cocimiento de corteza se usa en casos de sangrado en las mujeres. Como té para la diarrea. Un emplasto de la corteza puede utilizarse contra los abscesos y para acelerar la cicatrización de heridas profundas. El té de corteza y las flores ayuda contra el dolor de garganta, tos, fiebre y disentería.

El pueblo maya utiliza el cocimiento de la corteza para mejorar la digestión, limpiar el estómago.

También se utiliza para infecciones en la matriz e inflamación en los ovarios y para ayudar a la expulsión de la placenta.

El té de corteza ayuda en desórdenes digestivos como disentería y dolor de estómago.

Las hojas.- Tomar tres veces al día una taza de té hojas de Nance ayuda a aliviar el reumatismo, dolor de huesos, anemia y fatiga común.

La fruta.- El Nance tiene un alto contenido de vitamina C. Ayuda a combatir bacterias, virus e infecciones y a tener huesos y dientes sanos. Ayuda a reparar las heridas.

El Nance contiene una cantidad significativa de proteínas. Promueve un metabolismo saludable.

El consumo de Nance ayuda a fortalecer nuestros sistemas nervioso e inmunológico.

Ayuda a fortalecer los huesos y prevenir la artritis.

Por la vitamina K que contiene, ayuda a la coagulación de la sangre, ya que ayuda a convertir la proteína y calcio, lo que permite que la sangre se coagule. Así que evita el sangrado de la nariz, sangrado de las encías, etc.

Por ser rico en tiamina, el Nance fortalece el sistema neurotransmisor que transmite mensajes entre los nervios y los músculos para asegurar la función cardíaca adecuada y regular.

La riboflavina presente en Nance ayuda en la producción de energía para ayudar en el metabolismo de grasas, carbohidratos y proteínas.

El Nance también ayuda en la formación de células rojas de la sangre y los anticuerpos.

El folato en el Nance ayuda a reducir el riesgo de depresión y demencia. Y ayuda al buen funcionamiento del cerebro, a mantenerlo joven y mejorar la memoria.

El consumo regular de Nance ayuda a prevenir el envejecimiento y el deterioro general del cuerpo, ya que tiene una cantidad significativa de beta caroteno, que se convierte en vitamina A, que tiene una eficacia anti-envejecimiento.

El Nance ha sido y sigue siendo estudiado y cada día se le encuentran propiedades muy benéficas para curar y prevenir enfermedades. Lo importante es consumirla como parte de la dieta diaria.

Estas frutas se almacenan a menudo en botellas, de manera que pueden durar meses en buen estado. La fruta se utiliza a menudo en mermeladas y jaleas, y bebidas carbonatadas y también se puede utilizar como relleno de carne.

A menudo se venden Nances en bolsas de plástico a lo largo de la carretera Interamericana.

Se comen crudos o en conservas, dulces, vino y helado. ¡Aproveche!!!

TOMATILLO

Tomatillo, Tomate de hoja, o Tomate verde, Tomate de cáscara, Tomate de milpa. En inglés, *Mexican ground-cherry, husk tomato,* y científicamente *Physalis philadelphica Lam*, entre otros nombres.

Nativo de México, se da silvestre en varias partes del mundo. En México se da silvestre y se cultiva.

Es una planta herbácea erecta y ramificada, 15 a 60 cm de alto. Se usan las hojas y los frutos.

Historia.- Por hallazgos arqueológicos se sabe que su uso en la alimentación de la población mexicana se remonta a tiempos precolombinos. Se han encontrado vestigios de la utilización de tomatillo como alimento en las excavaciones del valle de Tehuacán (900 a.C-1540 d.C.).

En tiempos prehispánicos, en México era mucho más apreciado que el jitomate (*Lycopersicon*); sin embargo, esta preferencia no se ha mantenido, excepto en el medio rural, donde, además de preservar la costumbre de los alimenticios antiguos, aún es estimada la mayor resistencia del tomatillo a la putrefacción. Puede ser que por lo vistoso y el tamaño del jitomate, se haya preferido al tomatillo y el tomate rojo o jitomate alcanzó mayor aceptación fuera de Mesoamérica, y el tomate de hoja quedó marginado o se dejó de cultivar, como sucedió en España. Casi nomás en el centro de México se conoce el Tomate rojo (fruto de Lycopersicon) como *jitomate*, pues en otras partes del país y en América Central y del Sur se le llama tomate a secas.

El nombre tomate se deriva del náhuatl *tomatl;* vocablo genérico para plantas con frutos globosos o bayas, con muchas semillas, pulpa acuosa y a veces encerrados en una membrana.

Usos del tomatillo.- Como Alimento, el tomate de cáscara ha sido hasta la actualidad una componente constante de la dieta mexicana y guatemalteca, principalmente en forma de salsas preparadas con sus frutos y chiles molidos, las cuales mejoran el sabor de las comidas y estimulan el apetito. También se utiliza el tomate en salsas con chile verde, principalmente para atenuar su sabor picante. Con el fruto del tomate, cocinado o incluso crudo, se elaboran purés o picadillos, que se utilizan como base para salsas con chile, conocidas genéricamente como salsa verde; pueden usarse para acompañar comidas preparadas, o bien emplearse en la preparación de diversos guisados.

La infusión de las cáscaras se agrega a la masa de tamales, para mejorar su consistencia esponjosa, así como a la de buñuelos; también se utiliza para dar sabor al arroz blanco y ablandar carnes rojas.

Uso Medicinal .- Los frutos tradicionalmente se emplean para la atención de problemas respiratorios y dolor de amígdalas, tosferina y tos.

En cocimiento junto con semillas de tamarindo para la tos. Asado en el comal, se abre por la mitad, se le pone un poco de sal y alcohol y se aplica, lo más caliente que se aguante, dando masajes en las amígdalas inflamadas (anginas), para con esto sacar todas las flemas. Machacándolo y colándolo se obtiene un jugo que se utiliza para el dolor de oídos.

Para la diarrea fría se prepara un té a base de las hojas y flores. También se pueden hervir las hojas y las flores para bañar a los enfermos.

En cocimiento, junto con las semillas de tamarindo, se administran por vía oral contra la tos. Se aplica como *chiquiadores* en la cabeza y en las coyunturas, o tibio casi frío, en la planta de los pies y en el abdomen para bajar la fiebre. Se machaca y el jugó así obtenido se aplica en gotas, cuando hay dolor de oído.

Otros usos medicinales que se han reportado del tomatillo son para tratar afecciones digestivas, como bilis, inflamación del estómago y latido, contra la calvicie y para el nacimiento de pelo, en el tratamiento de la presión alta, diabetes (controla la sed del diabético) y "para la vista".

En el siglo XVI, el Códice Florentino lo menciona para las ampollas o el calor de la lengua. Francisco Hernández relata que *"las hojas como los frutos son muy eficaces contra los fuegos de San Antón, curan las fístulas lagrimales y los dolores de cabeza, alivian los ardores de estómago, resuelven las paperas. Su jugo es bueno contra las inflamaciones de garganta, cura las úlceras reptantes, la irritación de los niños que llaman siriasis, contra los flujos agudos y alivia instilado el dolor de oídos. Detiene los flujos menstruales excesivos, cura el empacho, quita la flatulencia, provoca la orina, alivia el asma aplicado al pecho, quita el dolor de vientre, detiene los flujos que provienen de causa cálida y aplicada a los pechos seca la leche".*

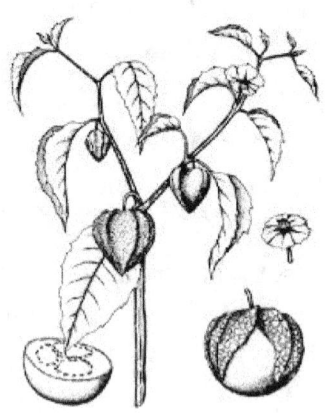

PEYOTE

El peyote es un cactus raro, mágico y misterioso con miles de años de existencia y ha tenido y sigue teniendo una profunda historia y un papel importante en la cultura indígena mexicana y americana en general. A pesar de siglos de prohibición, sigue siendo utilizada por diferentes grupos indígenas en nuestro país que, mediante prácticas rituales con peyote, pretendían "inducir experiencias de iniciación a ciertos misterios y para curar enfermedades del cuerpo y del alma". Recientemente se ha proyectado internacionalmente como una apropiación de grupos no indígenas, dándole un sentido religioso y cultural importante que ha emergido en últimas fechas.

Recientes investigadores la señalan como una planta "incomprendida, estereotipada y controvertida". Veamos un poco sobre esta interesante y misteriosa biznaga.

El peyote es un pequeño cactus que tienen por nombre científico *Lophophora Williamsii*, el cual crece principalmente en México y en algunas zonas de Estados Unidos. Pero hay varias otras variedades

Se le atribuyen efectos analgésicos, sobre todo cuando tiene que ver con tratamientos del sistema óseo y articular. Además posee un efecto

223

relajante en casos de fatiga extrema, depresión y cansancio.

Incluso, por estas condiciones, en algunas regiones del mundo se le utiliza como tratamiento a modo de calmante para pacientes psiquiátricos, aunque existen algunas restricciones en su uso, la verdad es que se utiliza también para tratar fiebres y parálisis. Algunas personas también utilizan el peyote para el tratamiento de fracturas, heridas y mordeduras de serpientes.

En la medicina tradicional se ha demostrado que el peyote tiene acciones antibióticas sobre el organismo y que puede eliminar bacterias. Los nativos que utilizaron este tipo de plantas a menudo le entregaban la categoría de purificador del cuerpo, y el peyote se convirtió entonces en un medio de comunicación entre el mundo terrenal y el espiritual. En la actualidad algunas tribus usan peyote para combatir el hambre, el agotamiento y la sed mientras realizan actividades de caza.

El peyote contiene una sustancia llamada mezcalina que tiene efectos similares a los de LSD, pero claro está que la hierba es menos potente. Así que vale la pena tener mucho cuidado con el objetivo de su utilización ya que puede causar alucinaciones. De hecho en los Estados Unidos el peyote no es legal.

Se le atribuyen propiedades analgésicas sobre todo en aquellas patologías de carácter óseo y articular, así mismo en muchos lugares de nuestro país es considerado un poderoso inmunizante útil en el tratamiento de heridas, contusiones, fracturas y magulladuras.

Así mismo, en algunas regiones a menudo es ingerido y aplicado tópicamente para el tratamiento de la picadura de insectos como alacrán, víbora, cien pies, etc.

Posee un efecto relajante por lo cual es empleado para el tratamiento de fatiga crónica, depresión y/o cansancio.

Debido a sus efectos alucinógenos en algunas partes es utilizado para el tratamiento de pacientes con pacientes psiquiátricos y/o psicológicos.

Todas las especies de Lophophora son de crecimiento extremadamente lento, a menudo tardan más de 30 años en alcanzar la edad de floración (el tamaño de una pelota de golf, sin incluir la raíz). Los especímenes cultivados crecen a mayor velocidad, normalmente tardan entre 6 y 10 años en alcanzar la madurez a partir de plántulas de semillero. Debido a este lento crecimiento y a la sobre recolección a que está sujeto, se le considera en peligro de extinción.

Los pueblos que lo emplean ancestralmente con fines rituales son entre otros: Huicholes, Tarahumaras, Tepehuanis, Coras, además de varias tribus estadounidenses que se han reunido bajo el nombre de Iglesia Peyotera Nativa Americana (Native American Peyote Church), reconocida legalmente en los EU desde 1918.

En la medicina tradicional indígena de algunos pueblos se ha usado como remedio para la diabetes, la neumonía y el cáncer; como analgésico, contra los dolores de muelas, reumatismo o artritis, asma, malestares intestinales, influenza; para facilitar el parto y aumentar el deseo sexual, también para efectos ocasionados por la mordedura de serpiente, picaduras de escorpión y algún otro tipo de envenenamiento. .

YERBABUENA

El origen de la yerbabuena se desconoce, pero se encontraron hojas secas en las pirámides de Egipto del año 1000 ac. Fue muy valorada por los árabes, griegos y romanos. Aparece citada en obra de Dioscórides e Hipócrates, por sus propiedades curativas y aromáticas. Su uso en Europa occidental se popularizó apenas en el siglo XVIII.

El nombre científico de la menta común es *Mentha piperita.* Otras variedad son la *mentha aquatica*, la *mentha viridis*, y la *mentha citriata*. En inglés se le llama *pepermint*; en francés, *menthe, poivrée*; en italiano se llama igual que en español y en portugués, *hortelã pimenta.*

En sus distintas variedades, la menta es famosa por su sabor y aroma muy refrescantes. Es ampliamente utilizada en gastronomía, en la preparación de golosinas y licores, y en perfumería, entre otros usos. Posee también amplias virtudes curativas y se combina perfectamente con otras hierbas para mejorar el sabor de infusiones y tisanas.

De la menta, también llamada *yerbabuena*, hay todo un grupo de plantas herbáceas, cerca de 25 especies con algunas diferencias entre sí.

La yerbabuena pertenece a la familia de las labiadas. Todas son plantas perennes y de crecimiento rápido. La más común es la *menta piperita,* que crece espontáneamente y se cultiva en casi todo el mundo. Alcanza una altura de 80 cm. Posee un tallo delgado y erecto, y sus hojas son opuestas y alargadas. Las flores son violáceas, y se reúnen en verticilos o piperitas de manera silvestre a orillas de los caminos.

La *menta acuática* es muy común en los bosques húmedos y a lo largo del ríos y riachuelos. Tiene tallo erecto y piloso, hojas ovaladas, y flores púrpuras en espigas terminales. Otra variedad popular es la menta verde, muy usada en licorería y para aromatizar comidas.

Cultivo.- Todas sus variedades son de fácil cultivo. Se adaptan tanto a los climas fríos como a las altas temperaturas. Por su porte rastrero, es ideal para ser cultivada debajo de otras plantas, en macetas y canteros. Se puede plantar a través de semillas o vástagos rastreros que crecen del tronco principal. Prende en cualquier época del año, pero el mejor momento es el final de otoño y el inicio de la primavera. Se cosecha en verano antes de la floración o al inicio de ella.

Se utilizan las hojas, de las que se extrae su aceite esencial, y también los tallos más verdes. Las hojas pueden utilizarse verdes o secas. Deben desecarse rápidamente y con cuidado, y evitar la excesiva ventilación.

Propiedades.- La menta tiene propiedades antiespasmódicas, digestivas y carminativas, benéficas para problemas digestivos, hepáticos y renales. Tiene también un efecto estimulante y tónico. Además, favorece la expectoración, por lo que es indicada en casos de tos, catarro y asma. Su aceite esencial, diluido o mezclado con otros aceites o cremas, se emplea para diversos usos externos con efecto calmante y desinfectante. Combina perfectamente con otras hierbas, y en estas preparaciones aporta sus virtudes medicinales y excelente sabor.

PREPARACIÓN Y USOS

Infusión digestiva.- Hervir una taza de agua, endulzar con miel y verter en ella 5 g de hojas frescas de yerbabuena. Filtrar, entibiar y beber despacio, pero de manera inmediata. Esta misma bebida ayuda al buen funcionamiento hepático y renal.

Infusión contra vómitos.- Verter una cucharadita de hojas secas y picadas de yerbabuena en una tacita con agua hirviendo. Filtrar, endulzar con media cucharadita de miel, agregar tres gotas de esencia de yerbabuena y beber enseguida.

Vino para el mal aliento.- Macerar 30 gr. De hojas frescas de yerbabuena con un litro de vino blanco, durante dos días. Al preparar, agregar algunas gotas de esencia. Filtrar el vino y utilizarlo para hacer gárgaras.

INFUSIONES COMBINADAS

Para la diarrea.- Hervir un litro de agua y agregar manzanilla, romero y yerbabuena (15 grs de cada una). Beber dos tazas diarias.

Para gases digestivos.- Hervir un litro de agua y preparar una infusión con 30 gr de manzanilla, 15 g de hinojo, 15 g de comino y 5 g de yerbabuena. Tomar tres tazas por día.

Para problemas hepáticos y de vesícula.- Pre parar una infusión con un litro de agua hirviendo y 20 gr de boldo, 20 g de manzanilla, 10 gr de yerbabuena, 10 g de melisa, 10 gr de romero. Filtrar y beber tres o cuatro tazas diarias.

OTRAS FORMAS DE USO

Ungüento.- Preparar un té con hojas de yerbabuena en las proporciones ya indicadas, pero sin endulzar. Mezclar partes iguales con aceite de oliva. Es excelente para aplicar sobre quemaduras, heridas e irritaciones de la piel, por su efecto desinfectante y calmante. Puede emplearse para masajear suavemente las sienes y la frente, y ayuda a aliviar el dolor de cabeza. También se lo utiliza para masajes y friegas en el pecho y espalda para lograr calor y ayudar a expectorar. El ungüento puede prepararse también con aceite esencial, diluido al 2%.

Inhalaciones.- El aceite diluido, o las hojas verdes, son excelentes para realizar inhalaciones en todas las afecciones respiratorias. Ayuda a expectorar y tiene efecto antiséptico y desinfectante.

Como condimento.- Picar hojas hasta reducirlas a polvo y emplearlas para sazonar sopas, ensaladas y diversos platos. Las hojas verdes pueden agregarse directamente a las ensaladas de verduras a las que otorgan un sabor distinto y fresco

Precauciones. No debe darse menta a niños menores de 5 años, ni aceite esencial a menores de 12. No se debe digerir aceite esencial sin diluir y, por supuesto, sin control médico.

Mentha hortensis quarta.
La quarta yerua buena de los huertos.

Mentha satiua.
Yerua buena de los huertos.

LAUREL DE CASTILLA

Arbusto perenne de la familia de las lauráce-
as. Puede medir de 6.5 a 25 pies de altura. Tiene
hojas lustrosas, duras, de color verde oscuro de
un lado y opacas del otro. Las flores son pequeñas, de color blanco o amarillento. Sus frutos son
unas bayas color púrpura oscuro, que aparecen
en verano cuando las flores se marchitan. Contienen una sola semilla y solamente las producen
los laureles hembra; Las hojas se emplean para
aderezar diversas salsas y comidas. También se
usan con fines medicinales, al igual que las bayas
y la corteza.

Su nombre científico es *Laurus nobilis*. En
inglés se llama *laurel*, en francés *laurier*, en italiano *alloro* o *lauro*, y en portugués *loureiro.* En
varios lugares se le conoce como **Laurel de Castilla.**

Habitat: originario de los países mediterráne-
os. Se cría en regiones próximas al litoral, de
clima templado. Cultivado y naturalizado en el
continente americano.

Propiedades terapéuticas.- Digestivo, uno de
los mejores estimulantes, carminativo (elimina
los gases del conducto digestivo), expectorante,
sudorífico, y antiespástico. Se recomienda en casos de dispepsia atónica (digestiones difíciles por

falta de "tono" de los órganos correspondientes), gripe y bronquitis crónica. El aceite se emplea, en uso externo, contra los dolores reumáticos, contusiones, torceduras de tobillos, abscesos, úlceras, caída del cabello, psoriasis y en algunos tipos de micosis (enfermedades de la piel producidas por hongos).

El aceite de laurel o el bálsamo antirreumático que se prepara con sus hojas se utiliza en fricciones para aliviar dolores de huesos y músculos.

Modo de empleo.- Las hojas se recogen en cualquier época del año. Deben dejarse secar en la oscuridad no menos de 12 horas y guardarse en recipientes herméticos.

Infusión.- Verter una taza de agua hirviendo sobre una cucharadita de hojas secas desmenuzadas, se le puede añadir algunos frutos maduros para mayor efecto. Dejar en reposo durante diez minutos y colar. Tomar cuatro o cinco tacitas al día. Como aperitivo se toma una taza 10 minutos antes de cada comida, y como digestivo, una taza después de cada comida.

Tintura macerada.- Macerar, durante diez días, 20 gramos de hojas secas desmenuzadas en 80g de alcohol de 70°. Filtrar. Se toman de treinta a cuarenta gotas, dos a tres veces al día, en una tizana caliente endulzada con miel.

Esencia.- El aceite esencial se toma a gotas (cuatro o cinco gotas de dos a tres veces al día) en una cucharadita de azúcar o en una bebida caliente.

Uso externo.- *Aceite.* Mezclar una parte de esencia de laurel con 29 partes de aceite de oliva, almendras, etc. Usar para fricciones en dolores reumáticos, contusiones, etc.

Otros usos.- La corteza triturada y sus decocciones se emplean contra las dispepsias y las diarreas. El aceite esencial de hojas y cortezas se usa contra las liendres y para curación de dermatosis, abscesos y llagas. Además, es excelente para masajes musculares.

Externamente se usa el aceite de laurel que se prepara dejando macerar durante 10 días al sol 30 g de hojas de laurel en un litro de aceite de oliva; se aplica en loción sobre la parte dolorida; sirve también para ahuyentar insectos parásitos. También se puede usar como bálsamo antirreumático que se prepara machacando en un mortero un buen puñado de bayas de laurel maduras; se ponen a hervir cubiertas de agua durante unos 10 minutos; se exprimen después con un lienzo, dejando enfriar el liquido, y se recoge la capa de grasa que flota; esta grasa o manteca de laurel se aplica en fricciones sobre la zona afectada.

Historia.- En la Roma clásica el laurel estaba consagrado al dios Apolo, patrocinador de los triunfos, de las bellas artes y de la medicina, y arquetipo de la belleza masculina. Los emperadores romanos, los atletas y los guerreros vencedores, eran coronados con una guirnalda de laurel, que se suponía los iba a proteger de los rayos y de otras fuerzas malignas.

Hay un dicho antiguo que dice: *"el que planta un laurel nunca lo verá crecer"*, aludiendo al lento crecimiento de la planta. Aunque en la cultura popular el dicho alude a la muerte del que lo planta.

Según la mitología, el laurel es la transformación de la ninfa Dafne (Daphne) que al ser perseguida por Apolo fue salvada por su padre, el río Peneo, transformándola en Laurel; de ahí, Apolo cortó dos ramas y las trenzó elaborando unas coronas triunfales que usan los victoriosos, generales y emperadores de la antigua Roma y que han llegado hasta nuestros días como símbolo de la victoria.

De las coronas de laurel a guerreros y atletas viene el dicho *"Dormir en sus laureles", que se refiere* al que logra un triunfo y no busca más...

CHÍA

"La chía, cuando se hace macerar en agua, produce un mucílago abundante, debido al hinchamiento de los pelos microscópicos que revisten la costra de la semilla, que entonces se aprovecha para hacer una bebida refrescante y nutritiva. Sometida a la prensa se extrae solo el aceite secante que sirve en la pintura de las jícaras, por último, reducida a harina se utilizaba entonces para hacer pan. Las tres sustancias: goma, materia grasa y almidón que encierra la semilla, eran fácilmente aprovechadas en los distintos usos a que las destinaban, y por procedimientos sencillos en su preparación" **Plantas comestibles de los antiguos mexicanos**. Miguel Urbina. (1904)

Era muy conocida, apreciada y utilizada la chía por los antiguos pobladores del continente americano. Las semillas de Chía estaban incluidas entre sus alimentos básicos, junto al maíz, el frijol y el amaranto, y hacían con ella ofrendas a sus dioses.

En dialecto náhuatl la palabra **chiactic** significa aceitoso o grasoso. El nombre Chiapas, estado al sur de México, significa *"agua -(o río)- de chía"*

De la Chía se usan la semillas, que hoy en día se encuentran en tiendas de nutrición y en grandes almacenes como Cosco, porque han sido redescubiertas sus propiedades alimenticias, al grado que las consideran un súper alimento ya que son excelente fuente de fibra y antioxidantes, calcio, proteínas y ácidos grasos omega 3 (ácido alfa-linolénico) *ALA* de origen vegetal. Se ha llegado a decir que *"una cucharada de chía es como un batido hecho de salmón, espinacas y hormonas de crecimiento humano".* También se considera un alimento para atletas, así lo consumían los aztecas para las largas caminatas.

A las semillas de chía se le atribuyen 2 veces la proteína de cualquier otra semilla, 5 veces el calcio de la leche, aparte de grandes cantidades de ácidos grasos esenciales, como omega 3. También es fuente de magnesio, manganeso, cobre, niacina, zinc y otras vitaminas.

Se dice que tiene: • 700% más Omega-3 que el salmón del atlántico • 100% más fibra que cualquier cereal en hojas • 800% más fósforo que la leche completa • 500% más calcio asimilable que la leche • 1400% más magnesio que el brócoli • 100% más potasio que los plátanos • 200% más hierro que la espinaca • 300% más selenio que el lino • Tiene un efecto saciante • Posee más antioxidantes que los arándanos y aporta todos los aminoácidos esenciales.

La Chía reduce los antojos y nos hace sentir llenos más rápido, debido a que absorben 10 veces su peso en agua, formando un gel voluminoso que es el que produce la sensación de saciedad y al mismo tiempo retrasan el aumento de azúcar en la sangre, por eso es recomendada para los pacientes con diabetes, debido a su capacidad para frenar la rapidez con que nuestro cuerpo convierte los carbohidratos en azúcares simples, controlando así los niveles de azúcar en la sangre.

Debido al abundante Omega 3 vegetal que contiene la semilla de chía *(y que está demostrado a través de prestigiosos estudios que reduce el colesterol sanguíneo y previene las enfermedades cardiovasculares)*, disminuye las posibilidades de padecer cáncer en las personas, ya que sus propiedades antiinflamatorias, alto contenido de antioxidantes y fibra, permiten lograr un balance en la dieta alimenticia.

El consumo habitual de Omega 3 asegura una mejor concentración de los niños y combate el déficit de atención, ya que este tipo de ácidos grasos son necesarios para el normal funcionamiento de los ojos y de la corteza cerebral, que es la región del cerebro que maneja las funciones superiores tales como el razonamiento y la memoria.

Por su alto contenido de antioxidantes las semillas se mantienen frescas y comestibles durante mucho tiempo, almacenadas en seco pueden durar hasta 4 años sin que se deteriore el sabor, el olor o el valor nutritivo, y todo ello sin un solo producto químico o conservante. Esos mismos antioxidantes ayudan a prevenir los daños de los radicales libres en tu cuerpo, el envejecimiento prematuro de la piel e inflamación de los tejidos.

Además de utilizarla como alimento, los nativos la usaban en ungüentos cosméticos; el aceite para preparación de barnices y pinturas; se dice que es mejor que el aceite de linaza, las pinturas son más brillantes y duran más, y la pasta de chía se usaba para sanar heridas.

Sobre todo por los tiempos de cuaresma era muy común saborear el *agua de chía*, que consiste en dejar remojar unos minutos la chía, agregarle limón y azúcar... ¡Refresca y nutre!....

La chía, es otra planta que se pone de moda, aunque ha existido y sido usada desde hace miles años...

ZANAHORIAS

Las zanahorias son vegetales muy conocidos por todos y sus virtudes nutritivas y medicinales se pueden aprovechar de diversas formas, ya sea crudas, cocidas, en jugos o licuados.

Son ricas en fibra, vitaminas, minerales, antioxidantes naturales y tienen muy pocas grasas; lo que convierte a estas hortalizas en alimentos especiales para tratar diferentes problemas de salud.

HISTORIA.- Se sabe que las zanahorias existen por lo menos desde hace 5 mil años. Y no siempre fueron consideradas un alimento. En un inicio, las zanahorias más bien eran cultivadas para tratar varias enfermedades. El nombre científico es *Daucus carota*, haciendo referencia a su riqueza en carotenos. Los árabes la llevaron a España entre los siglos VIII y X, y desde allí pasó al resto de Europa y vino a América. Los árabes la llamaban *isfannariya* de donde procede el nombre castellano de zanahoria.

VALOR NUTRICIONAL.- Las zanahorias son una mina de oro en nutrientes, baratas y pueden ayudar mucho en la salud. Es bueno consumirlas a diario. Las zanahorias contienen una cantidad asombrosa de fitoquimicos, 490 se han contado, de los cuales, todos ayudan al cuerpo a funcionar mejor. Los fitoquimicos son sustancias de plantas bioactivas naturales encontrados en frutas, verduras, y nueces, que proporcionan beneficios a la salud humana.

La zanahoria también es rica en betacaroteno y provee buena dosis de minerales como calcio, hierro, potasio, fósforo y otras vitaminas, como las B, C, D, E y ácido fólico.

Una zanahoria mediana tiene 25 calorías, 6 gramos de carbohidratos y 2 gramos de fibra. Además, es una buena fuente de vitamina A.

BENEFICIOS.- • Contiene fitoesteroles, sustancias naturales que bloquean la absorción del colesterol y ayudan a depurar la sangre. • Es una gran aliada de la vista, el consumo de zanahoria, puede ser muy importante para tratar la ceguera nocturna y la fotofobia y ayuda a prevenir las cataratas y la degeneración macular, así como a mantener la agudeza visual. • Es ideal para preparar mascarillas caseras, como mascarillas para las manchas en la piel. • Favorece la formación de glóbulos rojos por su contenido en hierro y cobre, ayudando a prevenir la anemia, la arteriosclerosis y la disminución de las defensas. • Las zanahorias son grandes aliados de las dietas para adelgazar, ya que, al mismo tiempo que brindan saciedad y quitan el hambre, son un alimento con muy bajas calorías, mucha fibra y poco, casi nada de grasas. • Las zanahorias tienen un alto contenido en fibra soluble por lo que son muy buenas para combatir el estreñimiento y reducir el colesterol. • Los betacarotenos contenidos en la zanahoria tienen propiedades antitumorales, y previene la aparición de ciertos cánceres, como el de vejiga, laringe, esófago y estómago. • Regulan los trastornos digestivos como las diarreas y el estreñimiento. • Su capacidad para nutrir la piel y absorber las impurezas la hacen ideal para evitar el acné, aplicando sobre ésta la pulpa rallada o su jugo. • Tiene grande propiedades antioxidantes, que protegen al organismo del ataque de los radicales libres y del envejecimiento prematuro.

Por último, recuerda que el consumo periódico de zanahorias ayuda a mantener tu corazón sano, ya que mantiene a las arterias libres de placas que impidan la normal circulación de la sangre.

USOS MENOS CONOCIDOS.- La zanahoria es un remedio natural contra parásitos, gracias a su alto contenido en fibra, que ayuda a depurar el intestino de parásitos, toxinas y residuos que puedan perjudicar la salud.

De la zanahoria no solamente es aprovechable la raíz, sino que también se aprovechan sus hojas, flores y semillas muy útiles en la medicina.

Las hojas trituradas se utilizan como diaforéticos y vulnerarías, es decir que ayudan a curar heridas. Aplicando pasta de zanahorias con miel de abeja sobre las llagas las limpia perfectamente.

Los cataplasmas de hojas de zanahoria son magníficos para curar herpes, quemaduras, inflamaciones flemosas de los dedos, erisipelas, tumores inflamados, etc.

Y AÚN HAY MÁS.- Ayuda a limpiar el hígado. Cura heridas menores. Estabiliza el azúcar de la sangre, ayudando a eliminar el riesgo de diabetes. Incrementa el sistema inmunológico. Ayuda contra la bronquitis. Es una ayuda contra las infecciones manteniendo las membranas de las células sanas. Mantiene y mejora la estructura de los huesos y de los dientes. Mejora el músculo, la carne y la salud de la piel. Realza la calidad de la leche materna. Una pinta de jugo de zanahoria por día tiene valor más constructivo y ventajas que 25 libras de pastillas de calcio tomadas juntas.

FÁCIL DE CONSUMIR.- A la hora de seleccionar las zanahorias, se sugiere elegir las más firmes y de color más intenso, y descartar aquellas que estén agrietadas o manchadas.

Pueden mantenerse frescas hasta por dos semanas. La clave es ubicarlas dentro de una bolsa en la parte más fría del refrigerador para evitar que pierdan humedad.

Crudas o cocidas (sancochadas, fritas o al vapor), las zanahorias pueden ser utilizadas en la preparación de ensaladas, sopas, guisos, tortas y jugos.

ARÁNDANO

El arándano es un fruto pequeño de color rojo, parecido a la cereza y a la uva. Pequeño de tamaño, pero sus beneficios a la salud son grandes.

Hoy, gracias a numerosas investigaciones como las realizadas por el Consejo Consultivo de la Investigación de la Salud y Nutrición de Cítricos del Departamento de Florida en Estados Unidos, se sabe que el arándano nos aporta nutrimentos como vitamina C y calcio, y más importante aún es su doble poder: es antioxidante y antiadherente.

1. Antioxidante: Los antioxidantes son sustancias encargadas de "atrapar" a los radicales libres que produce nuestro cuerpo y que interfieren con su buen funcionamiento, ayudándonos a prevenir enfermedades como el cáncer y las enfermedades cardiovasculares. Los radicales libres, de los que tanto se habla, son algo así como los asteroides, son átomos desordenados que no pertenecen a ninguna célula en especial y que nomás andan chocando y causando daños por todo el organismo. Los antioxidantes los atrapan y los destruyen o les dan una función buena en el organismo. El arándano es una de las frutas con mayor contenido de antioxidantes, de hecho estudios recientes muestran que esta fruta protege a las células del cuerpo, aumentando los niveles de colesterol "bueno" de la sangre, mejora la circulación, reduce la inflamación cardiovascular y evita la obstrucción de las arterias.

2. Antiadherente: El arándano tiene unas sustancias con una función antiadherente en el organismo, que hace que las bacterias dañinas para nuestro organismo, no se adhieran a las paredes del aparato gastrointestinal, evitando su proliferación y por lo tanto el daño a nuestro cuerpo. Este poder nos ayuda en diferentes partes del cuerpo: empezando con el aparato digestivo, desde la boca, el poder antiadherente del arándano evita la proliferación de bacterias en ésta, previniendo la placa dental, principal causa de gingivitis y caries. Luego, por todo el tubo digestivo, ayuda a evitar las úlceras estomacales.

En las vías urinarias evita las infecciones que son muy comunes y en muchos casos recurrentes. Esta enfermedad en la mayoría de los casos es provocada por la bacteria *Escherichia coli*. De hecho casi la mitad de las mujeres experimenta una infección urinaria por lo menos una vez en su vida. Pero, gracias al poder antiadherente del arándano se pueden prevenir las infecciones urinarias, pues ayuda a evitar que las bacterias proliferen en estas vías.

Las investigaciones indican que el doble poder del arándano tiene una duración aproximada de ocho horas, por lo que se recomienda tomarlo por la mañana y por la noche. Los jugos de arándano nos dan la oportunidad de consumir la fruta todo el año y beneficiarnos con su doble poder.

Las hojas son diuréticas, y también son desinfectantes del aparato urinario, astringentes, antidiabéticas. Los frutos son antisépticos, antidiarreicos, eficaces contra la estomatitis aftosa y úlceras membranosas, antihemorrágicos y antihemorroidales. Agudizan la visión nocturna.

Modo de empleo.-

Cocimiento.- Hervir durante algunos minutos cuatro o cinco cucharadas de hojas secas, desmenuzadas en un litro de agua. Dejar reposar hasta que se enfríe y filtrar. Tomar cinco o seis tazas al día en diabetes y cistitis, así como en la enuresis de los niños. (Incapacidad para controlar el orinar)

Infusión compuesta.- Poner en infusión durante diez minutos, en un litro de agua, 30 g de hojas de arándano y 10 g de hojas de fresa silvestre. Tomar cinco o seis tazas al día. Recomendada para los diabéticos.

Tintura.- Poner en maceración, durante diez días 20 g de hojas secas y desmenuzadas de arándano en 80 g de alcohol de 60° tomar 30/40 gotas dos o tres veces al día

Tintura de frutos.- Poner en maceración, durante diez días 20 g de frutos secos en 180 g de alcohol de 70°. Tomar 20/30 gotas, dos o tres veces al día, con poco de agua en las diarreas rebeldes y en la disentería.

Vino.- Poner bayas de arándanos frescas en un vaso de vidrio que se pueda cerrar bien y añadir un tercio de su peso en azúcar, sin aplastar. Cerrar y exponer al sol durante un mes, Filtrar y tomar a copitas. Es un inmejorable antiséptico intestinal y un tónico excelente para las dispepsias de los ancianos.

Los que en algunas partes se conocen como arándanos azules son las **blueberries** muy consumidas en Estados Unidos que es el primer productor de las mismas en el mundo.

Contraindicaciones.- Los arándanos se deben consumir con precaución y evitar tratamientos largos, pues son moderadamente tóxicos, lo cual puede causar pérdida de peso e intoxicación por hidroquinona e ictericia.

Vaccinium vitis-idaea

Sea prudente y pregunte a quien más sabe.

MORINGA

A la moringa se le ha llamado *"el árbol de la vida"*, porque, al mismo tiempo que aporta numerosos beneficios nutritivos, también se ha demostrado que sus hojas contienen sustancias que curan y previenen muchas enfermedades.

Su valor nutritivo está ampliamente comprobado. En cuanto a su valor en el tratamiento de cáncer, diabetes e hipertensión en humanos todavía faltarían más pruebas clínicas, pero muchos son los que dan testimonio de sus beneficios.

La *Moringa Oleifera* o Moringa, como comúnmente se le conoce, es una planta, (algunas especies crecen como árboles) que crece en tierras calientes, es decir, en lugares a menos de 500 metros de altura sobre el nivel del mar. Oriunda de la India y Paquistán. Históricamente se piensa que pudo haber sido traída a México a través de los viajes de la Nao de China.

La Moringa pertenece a un grupo grande de plantas: es pariente de la papaya, el rábano, el mastuerzo y la col, especies que contienen una alta cantidad de antioxidantes.

Todos las partes de la planta de Moringa: corteza, hojas, raíz, frutos (vainas), flores, semillas, o aceite de semillas, son comestibles preparados de diferentes formas y se han utilizado para curar o prevenir varias enfermedades.

En las semillas, según datos aportados por El Instituto Nacional de Nutrición de la India, hay 220 miligramos de vitamina C por cada cien gramos de peso, más que en la misma cantidad de naranja; 440 miligramos de calcio, superando a la leche de vaca; siete gramos de proteína, casi el doble de la leche.

También se ha encontrado en esta planta una sustancia llamada *pterigospermina*, de acción antibiótica, según una investigación realizada por el Departamento de Bioquímica de la Universidad de Bombay.

Una sustancia llamada *isothiocianate*, presente en esta planta de Moringa tiene acción antibiótica contra la bacteria Helicobacter pilory, causa frecuente de gastritis y, aunque en pocos casos, también de cáncer de estómago.

Otras investigaciones han probado que las hojas, semillas, corteza y flores de la planta son muy buenas para el tratamiento de hongos que afectan la piel de los seres humanos. Estas mismas partes de la Moringa, menos la corteza, Se han usado en polvo para ponerlo en la leche y otros líquidos para el manejo de niños y adultos desnutridos. Organizaciones no gubernamentales que trabajan con la población infantil mal nutrida de Senegal han usado las hojas cocidas de Moringa para alimentar a los niños desnutridos, y han reportado una rápida recuperación.

Los frutos en forma de vainas se preparan igual que los frijoles y se sirven junto al arroz. De hecho, tienen sabor a frijoles tiernos. Por su alto contenido de calcio, hierro, fósforo y vitamina C, ayudan a prevenir la osteoporosis y otros trastornos como la anemia y el escorbuto. Estos órganos de la planta suplen cuatro veces más calcio que la leche.

Se comprobó acción antiparasitaria contra el Ascaris lumbricoides al administrar por vía oral la decocción de las semillas de la planta.

Más de la tercera parte del contenido de las semillas es aceite de alta calidad, rico en ácidos grasos insaturados parecidos al aceite de oliva. Se usa en la preparación de ensaladas. También como combustible para lámparas y motores de vehículos. Lo mejor de este aceite es que casi no se pone rancio con el paso del tiempo.

En los campos cuando el agua de los ríos está turbia, ponen en los recipientes semillas de moringa y al poco rato el sucio ha sido captado por éstas. De la misma forma se usan las pencas peladas de nopal para purificar agua.

Los frutos maduros se hierven con sal y cuando se abren y salen las semillas ya están listas para comer. Las flores tiernas, después de hervidas a vapor, son preparadas en ensalada con le-chuga y repollo. De igual manera se cocinan gui-sadas las hojas tiernas y se ponen en la mesa co-mo sustituto de la carne. La semilla de la morin-ga ha sido utilizada en personas asmáticas para mejorar la dificultad respiratoria.

Difícilmente se puede encontrar un alimento más completo. Además el sabor es agradable y se pueden consumir frescas o preparadas de dife-rentes maneras.

Sembrar un árbol Moringa es como sembrar multi-vitaminas en la puerta de su casa.

El sistema médico Ayurveda antiguo, afirma que la Moringa puede curar más de 300 enfer-medades.

El abuso de esta planta puede causar proble-mas debe consumirse con moderación. El mismo Fidel Castro gran promotor del uso de esta plan-ta, en CubaDebate digital recomendó no usar más de 30 gramos diarios....

GRANADO

Conocido también con el nombre de granada, es un árbol originario del Golfo Pérsico y algunas zonas de Irán, crece en zonas subtropicales y templadas de todo el mundo, principalmente cultivado, pero también crece de manera silvestre.

Su nombre científico es *Punica granatum*, y algunos estudiosos dicen que el nombre de púnica le viene porque los fenicios fueron los primeros en cultivar el granado, mientras que la especie, *granatum* se deriva del latín *"granatus"*, que significa grano, granada, llena de granos.

Tanto fenicios como romanos ayudaron a extender esta planta por todo el Mediterráneo. En Grecia la granada, fruto del granado, era consagrada a Afrodita, mientras que en oriente la granada era considerada *la fruta del amor*.

Los musulmanes la consideraban *"la fruta medicina"*. Y con mucha razón, pues sus propiedades curativas son muchas. He aquí algunas.

Beneficios de la Granada.- Rica en polifenoles, la granada es estimada por su enorme poder antioxidante, tres veces superior al vino, el té verde, la naranja o la manzana. También es conocida por sus propiedades antisépticas y antiinflamatorias. Es rica en vitamina B y C, contiene fibra, es muy digestiva. Refuerza el sistema inmunológico, aumentando las defensas contra los resfriados, gripe, faringitis, otitis y sinusitis.

El consumo de granada. Es afrodisiaca, debido a que aumenta los niveles de testosterona, hormona que no solo existe en los hombres, sino también en las mujeres, en quienes estimula el deseo sexual y fortalece huesos y músculos. Existe también cierta evidencia de que el jugo de granada podría ayudar a aliviar la disfunción eréctil.

Ayuda en la Anemia ferropénica - *Es antioxidante* - Combate la Arteriosclerosis, el Asma y la Diabetes - *Alivia la diarrea, la disentería y es un buen aliado contra las enfermedades cardiovasculares* - controla la Hipertensión - *Cura la Fiebre* - Evita la Flatulencia - *Por su bajo contenido de calorías combate la Obesidad* - Es remedio para la retención de líquidos.

El jugo de granada.- Ayuda en la Diarrea - *Ayuda a aliviar el estrés, produce un aumento del bienestar y las emociones positivas, incrementando el nivel general de actividad y vitalidad* - Ayuda a disminuir los niveles de colesterol "malo" debido a sus propiedades antioxidantes - *Reduce el riesgo de ataque cardiaco y ayuda a mantener las arterias libres de acumu-*

lación de depósitos grasos (aterosclerosis). Además, parece mejorar el flujo sanguíneo al corazón - Beber un vaso de zumo de granada al día puede producir un ligero descenso de la presión arterial - *Beber el jugo de esta fruta podría reducir la progresión del cáncer de próstata.*

También se considera que podría ser benéfico en otros tipos de cáncer. Estos efectos pueden deberse a que contiene polifenoles, taninos y antocianinas que juegan un papel importante en la muerte de las células cancerosas

Cocimiento de granada.- Es un excelente remedio en caso de diarreas y disentería.

Agua de cáscara de granada hervida. Ayudan en casos de anemia.

Tanto la corteza como la membrana que rodea los frutos son utilizadas en un cocimiento para fomentos en caso de úlceras, aftas, flujo vaginal, encías sangrantes y úlceras de difícil cicatrización, esto por sus cualidades astringentes .

Jugo de las semillas.- Para las Aftas.

Raíz de la granada.- Para los Parásitos intestinales se mezcla una cucharadita de raíz molida y cernida con una taza de leche o agua y se toma en ayunas.

Para combatir los pólipos, los cuales son unas protuberancias o tumoraciones alrededor de las mucosas del organismo, es necesario aplicar unas gotas de jugo de granada en las fosas nasales. Este tratamiento también se puede complementar tomando regularmente el jugo de la granada con miel de abejas .

Descensos vaginales: Cocimiento de 5 o 6 flores hervidas en un litro de agua (lavados).

Contraindicaciones.- La granada es ligeramente tóxica, úsela sin abusar. Sea prudente. No se recomienda para mujeres embarazadas, pacientes con enfermedades crónicas o infantes.

Maneras de consumirla hay muchas, una manera divertida y sabrosa es un *"pico de gallo"* hecho con granos de granada en vez de jitomate. Pique finamente pepino, cebolla, chile serrano o jalapeño y cilantro y añádelos a los granos de granada, puedes agregar un poco de jugo de limón y disfrutarlo con galletas saladas, tostadas o solo. También puedes comerla en macedonias de fruta, mezclada con yogur, en batidos y jugos o en ensaladas variadas. Además es perfecta para acompañar asados de carne (en salsa), sin olvidar los chiles en nogada, y también para postres y dulces, helados con sabor a granada, néctares, mermeladas, licores o vino de granada.

¡La granada es buena, es fruta y medicina!

GUANÁBANA

Annona muricata es el nombre científico de la guanábana. También es llamada *Guanábano, Catuche, Catoche, Anona de México, Graviola, Anona de la India, Mole.* En inglés es *soursop.* Se trata de un árbol que alcanza no más de 9 metros de altura, crece en climas tropicales y existen gran variedad de frutos que se distinguen por el tamaño, el color o el sabor.

Original del Caribe, México, Centro y Sudamérica. Los españoles al llegar al continente americano se dieron cuenta de que esta fruta se consumía desde Perú hasta México, y junto a la chirimoya (fruta de la misma familia pero diferente especie) fueron consideradas las frutas más deliciosas del trópico. En la actualidad es muy popular en el sudeste asiático.

Beneficios para la salud.- Desde hace años, circulan por Internet noticias afirmando, aunque sin sólido fundamento científico, que el té de guanábana cura el cáncer. Sí existen diversos estudios sobre la *anonacina*, el compuesto de la guanábana que presuntamente tendría efectos anti cancerígenos, pero no se han realizado pruebas en humanos que demuestren que la guanábana, o algún compuesto de ésta, sea efectiva contra algún tipo de cáncer en humanos, aunque muchas personas testifican de su efectividad.

Hay que tener cuidado al usar éste o cualquier otro remedio natural. No basarse solamente en el consejo del compadre o a que lo leyó aquí o allá, debe de informarse a fondo, averiguar para estar más convencido y hacer las cosas bien. Puede darse el caso que usted esté usando el fruto del árbol y lo que debería usar eran las hojas o la corteza; o que esté usando los tallos y las hojas de la planta y lo bueno eran las raíces. De la guanábana por ejemplo todo se usa para diferentes enfermedades: las hojas, el fruto, las semillas, la corteza y las raíces. Siempre, de ser posible, use lo natural, evite comprar polvos, bolsitas de té o productos secos. Y siempre use el sentido común.

A nivel digestivo la fruta de la guanábana presta grandes bondades, entre las cuales se puede mencionar su función astringente cuando está verde y sus propiedades como diurético.

El consumo habitual de la fruta *favorece los procesos digestivos* fortaleciendo la flora intestinal. Es utilizada en casos de *estreñimiento,* y algunos investigadores afirman que su frecuente consumo, ya sea en jugo o batidos previene *enfermedades del colon.*

Es utilizada en tratamientos contra el colesterol y la reducción de los triglicéridos, asimismo ayuda a mantener controlada la presión arterial, previniendo la hipertensión. También es recomendada la fruta madura en casos de reumatismo y gota. Algunos autores manifiestan que la guanábana es antiescorbútica, vermífuga y antibiliosa.

Las hojas aplicadas a manera de emplastos luego de haber sido machacadas no solo presentan cualidades analgésicas en casos de contusiones, sino también disminuyen el dolor ocasionado por los eczemas y otras irritaciones de la piel.

El té de hojas de guanábana es *ligeramente sedante,* ayuda al sistema nervioso e induce el sueño, también posee cualidades antiespasmódicas.

También se utilizan el té de hojas para tratamientos *contra la diabetes* por su potente acción en la sangre, ya que ayuda a eliminar los excesos de glucosa. Colabora a normalizar el jugo y enzimas pancreáticas. Si usted se aplica insulina, debe consumirse 1 o 2 semillas, peladas y machacadas de la fruta en ayunas, por siete días. El té de hojas de guanábana es el que dicen que ayuda a curar el cáncer.

Las semillas pueden ser extremadamente tóxicas para los parásitos y algunos insectos, por lo cual son utilizadas a manera de polvo o aceite esencial en casos de piojos en la cabeza.

Por vía externa se recomiendo la decocción de las hojas y los tallos para aplicar como cataplasmas sobre los músculos cansados para relajarlos.

Como ya dijimos, todas las partes de la planta son usadas en la medicina natural, incluyendo cortezas, hojas, raíces y frutos, pero la parte que contiene la mayor concentración de principios activos es la hoja, en donde se encuentran las *acetogeninas anonaceas*, que han sido ampliamente estudiadas desde los años 1940 en que se empezó a usar la guanábana como insecticida, llegando a asombrar a los científicos por su amplio poder, sin causar ningún efecto nocivo en los animales y el hombre, por lo que accedieron a costear investigaciones donde, cada día se descubrían nuevas propiedades, las cuales, por efecto del celo científico e intereses creados, se mantuvieron en custodia por más de 20 años.

Guanabanus ó Chirimoyo

Contraindicaciones.- Es prudente evitar su consumo cuando se ha diagnosticado la enfermedad de Parkinson, pues al parecer la anonacina hace que no funcionen las neuronas encargadas de detener el parkinson.

Del Tomo I